Tove Jansson

# Die TOCHTER des BILDHAUERS

Tove Jansson

# Die TOCHTER
## des BILDHAUERS

Aus dem Schwedischen von Birgitta Kicherer

Urachhaus

Die Originalausgabe erschien 1968 unter dem Titel
»Bildhuggarens dotter« bei Schildts Förlags Ab, Helsinki

ISBN 978-3-8251-7887-1

4. Auflage 2023
Erschienen im Verlag Urachhaus
www.urachhaus.de

ⓔ auch als eBook erhältlich

# INHALT

# DAS GOLDENE KALB

Mein Großvater war Pfarrer. Er pflegte vor dem König zu predigen. Einst, bevor seine Kinder, Kindeskinder und die Kinder der Kindeskinder die Erde bevölkerten, kam Großvater an eine lange grüne Wiese, die war von Wäldern und Bergen gesäumt und erinnerte an das Tal im Paradies. Am unteren Ende öffnete sich die Wiese zu einer Meeresbucht hin, in der Großvaters Nachkommen dereinst würden baden können.

Da dachte Großvater, hier werde ich wohnen und mich vermehren, denn dies ist wirklich das Land Kanaan.

Dann bauten Großvater und Großmutter ein großes Haus mit einem Mansardendach und einer Menge Zimmer und Treppen und Terrassen und einer gewaltigen Veranda und stellten drinnen und draußen weiß gestrichene Holzmöbel auf, und als das erledigt war, begann Großvater zu pflanzen. Und alles, was er pflanzte, schlug Wurzeln und vermehrte sich, sowohl Blumen als auch Bäume, bis die Wiese in einen himmlischen Lustgarten verwandelt war, den Großvater mit seinem großen schwarzen Bart zu durchwandeln pflegte. Kaum zeigte er mit seinem Stock auf eine Pflanze, da war sie schon gesegnet und wuchs, dass es nur so krachte.

Das ganze Haus war von Geißblatt und wildem Wein bewachsen, und die Veranda hatte Wände aus lauter kleinen Rosen, die klettern konnten. Auf der Veranda saß Großmutter in einem hellgrauen Seidenkleid und erzog ihre Kinder. Sie wurde von so zahlreichen Bienen und Hummeln umsummt, dass es klang wie sehr leise Orgelmusik. Tagsüber schien die Sonne, nachts regnete es, und im Steingarten wohnte ein Engel, den man nicht stören durfte.

Der Engel wohnte immer noch dort, als Mama und ich angereist kamen und ins Westzimmer einzogen. Das Westzimmer hatte ebenfalls weiße Möbel, an den Wänden hingen ruhige Bilder, aber Skulpturen gab es keine.

Ich war ein Enkelkind. Karin war ebenfalls ein Enkelkind, allerdings hatte sie lockige Haare und sehr große Augen. Sie und ich spielten draußen auf der Wiese die Kinder Israels.

Gott wohnte auf dem Berg oberhalb des Steingartens, dort oben lag ein Sumpf, der war verboten. Bei Sonnenuntergang begann Gott sich auszubreiten, er ruhte wie ein Nebelschleier über dem Haus und der Wiese. Er konnte sich dünn machen und überall hineinkriechen, um nachzusehen, was man gerade anstellte, und manchmal war er auch nur ein großes Auge. Im Übrigen sah er ähnlich aus wie Großvater.

Karin und ich murrten in der Wüste und waren unentwegt ungehorsam, da Gott den Sündern so gerne vergibt. Gott verbot uns, unter dem Goldregenbusch Manna zu sammeln, aber wir sammelten trotzdem. Da schickte er Würmer aus der Erde, die das Manna auffraßen. Aber wir ließen uns nicht beirren, sondern waren weiterhin ungehorsam und murrten. Irgendwann würde er uns so sehr zürnen, dass er sich zeigte, darauf warteten wir die ganze Zeit. Der Gedanke war ungeheuerlich.

Wir konnten an nichts anderes denken als an Gott. Wir brachten ihm Opfer dar, Heidelbeeren, Paradiesäpfel, Blumen und Milch, manchmal erhielt er auch ein kleines Brandopfer. Wir sangen ihm vor und baten ihn immer wieder darum, uns ein Zeichen zu geben, dass er sich für das, was wir taten, interessierte.

Und eines Morgens kam Karin und sagte, jetzt habe sie das Zeichen erhalten. Gott habe eine Goldammer in ihr Zimmer geschickt, und die habe sich auf das Bild mit Jesus, der auf dem Wasser geht, gesetzt und dreimal genickt.

»Wahrlich, wahrlich, ich sage dir«, sagte Karin. »Die Auserwählte ist noch stets zu Ehren gekommen.«

Sie zog ein weißes Kleid an und ging den ganzen Tag mit Rosen im Haar umher, sang Lobgesänge und benahm sich unnatürlich. Sie war schöner denn je, und ich hasste sie. Mein Fenster war ebenfalls offen gewesen. In meinem Zimmer hing ein Bild mit dem Schutzengel am Abgrund. Ich hatte Gott genauso viele Brandopfer gebracht und noch viel mehr Heidelbeeren gepflückt. Und was das Murren anbetraf, war ich mindestens so ungehorsam gewesen wie Karin, um die himmlische Vergebung zu erlangen.

Bei der Morgenandacht auf der Veranda machte Karin ein Gesicht, als würde Großvater nur für sie predigen. Sie nickte sachte mit nachdenklicher Miene. Sie faltete die Hände, lange bevor das Vaterunser an der Reihe war. Beim Singen hielt sie den Blick beharrlich an die Decke gerichtet. Nach dieser Sache mit der Goldammer gehörte Gott ausschließlich ihr.

Wir sprachen nicht mehr miteinander, und ich gab sowohl das Murren als auch das Opfern auf und war so eifersüchtig, dass mir schlecht wurde.

Eines Tages reihte Karin sämtliche Cousinen auf der Wiese auf, selbst die Kleinen, die noch nicht sprechen konnten, und hielt eine Bibelstunde für sie ab.

Da begann ich das goldene Kalb zu errichten.

In seiner Jugend, als Großvater vom allerheftigsten Pflanzfieber gepackt gewesen war, hatte er am untersten Ende der Wiese einen Kreis aus Tannen gepflanzt, da er dort eine Laube zum

Kaffeetrinken haben wollte. Die Tannen wuchsen und wuchsen, sie wurden zu gewaltigen schwarzen Bäumen, deren Zweige durcheinander wucherten. In der Laube war es ganz dunkel, alle Nadeln fielen ab und blieben auf der nackten Erde liegen, da sie nie genügend Sonne bekamen. Niemand wollte mehr in der Tannenlaube Kaffee trinken, man setzte sich lieber unter den Goldregen oder auf die Veranda.

Ich errichtete mein goldenes Kalb in der Tannenlaube, weil es ein heidnischer Ort war und weil eine kreisförmige Umgebung sich immer gut für Skulpturen eignet. Es war sehr schwierig, die Beine des Kalbes zum Stehen zu bringen, aber schließlich klappte es, und ich nagelte sie sicherheitshalber am Sockel fest. Manchmal legte ich eine Pause ein und horchte, ob ich das erste Grollen von Gottes Zorn hörte. Vorläufig äußerte er sich jedoch nicht. Dafür schaute aber sein großes Auge durch das Loch zwischen den Tannenwipfeln geradewegs in die Tannenlaube herab. Endlich hatte ich sein Interesse geweckt.

Der Kopf des Kalbes wurde sehr gut. Ich arbeitete mit Blechdosen und Lumpen und einem alten Muff und band alles mit Schnüren zusammen. Wenn man ein paar Schritte zurücktrat und die Augen zukniff, schimmerte die Skulptur im Tannendunkel tatsächlich schwach golden, besonders um das Maul herum.

Mein Interesse an der Sache wuchs, und ich begann immer mehr an das goldene Kalb zu denken und immer weniger an Gott. Es wurde ein sehr gelungenes goldenes Kalb. Schließlich umgab ich es mit einem Kreis aus Steinen und sammelte dürre Zweige für ein Brandopfer.

Erst als das Brandopfer zum Anzünden bereit war, kam die Angst wieder angeschlichen, und ich blieb regungslos stehen und horchte.

Gott verhielt sich ganz still. Vielleicht wartete er darauf, dass ich die Streichhölzer hervorholen würde. Er wollte sehen, ob ich tatsächlich das Unerhörte wagen würde – ob ich dem goldenen Kalb opfern und ihm anschließend sogar noch vortanzen würde. Dann würde er in einer Wolke aus Blitzen und Strafen von seinem Berg herabkommen und zeigen, dass er meine Existenz zur Kenntnis genommen hatte. Dann könnte Karin mit ihrer ollen Goldammer und ihrer Heiligkeit und ihren Heidelbeeren einpacken!

Ich stand da und horchte und horchte, und das Schweigen wuchs, bis es unermesslich wurde. Alles horchte. Es war spät am Nachmittag, durch die Tannenhecke drang ein schwaches Licht und färbte die Zweige rot. Das goldene Kalb sah mich an und wartete, meine Beine kribbelten. Ich ging rückwärts auf die Öffnung zwischen den Tannen zu und ließ das goldene Kalb dabei nicht aus den Augen, ringsum wurde es heller und wärmer, und ich dachte, ich hätte es signieren können, auf dem Sockel.

Draußen stand Großmutter, sie trug das schöne graue Seidenkleid, und ihr Mittelscheitel war so gerade wie der eines Engels.

»Na, was hast du denn gespielt?«, fragte sie und ging an mir vorbei. Sie blieb stehen, musterte das goldene Kalb und schmunzelte. Dann zog sie mich an sich, drückte mich zerstreut an die kühle Seide und sagte: »Sieh mal an, was du da gemacht hast. Ein kleines Lamm. Gottes kleines Lamm.«

Ich blieb stehen, meine Augen brannten heiß, aus allem fiel der Boden heraus, Gott zog sich wieder auf seinen Berg zurück und beruhigte sich. Sie hatte nicht einmal gesehen, dass es ein Kalb war! Ein Lamm, welch eine Schmach! Es erinnerte überhaupt nicht an ein Lamm, keine Spur!

Ich stand lange da und sah mein Kalb an. Und Großmutters Kritik entkleidete es allen Goldes, und die Beine waren falsch, und der Kopf war falsch, alles war falsch, und wenn es überhaupt an etwas erinnerte, dann vielleicht an ein Lamm. Das Kalb war nicht gut. Es hatte nichts mit Skulptur zu tun.

Ich begab mich in die Abstellkammer für alles Mögliche, wo ich sehr lange sitzen blieb und nachdachte. Ich fand einen Sack. Den zog ich an, und dann begab ich mich auf die Wiese hinaus und rutschte mit gekrümmten Knien und zerrauften Haaren vor Karin herum.

»Was ist denn das?«, fragte Karin.

Da antwortete ich: »Wahrlich, wahrlich, ich sage dir, ich bin ein großer Sünder.«

»Oh«, sagte Karin. Ich sah, dass sie beeindruckt war.

Ab da waren wir wieder normal und lagen unter dem Goldregen und flüsterten über Gott. Großvater wandelte umher und brachte alles zum Wachsen, und der Engel wohnte immer noch im Steingarten, als ob überhaupt nichts geschehen wäre.

# DAS DUNKEL

Hinter der russischen Kirche gibt es einen Abgrund. Das Moos und die Abfälle sind glitschig, tief unten leuchten gezackte Konservendosen. Im Laufe von Jahrhunderten sind sie in immer höheren Stapeln an der Wand eines dunkelroten, langen Gebäudes ohne Fenster hochgewachsen. Das rote Gebäude kriecht um den Berg herum, und die Tatsache, dass es keine Fenster hat, ist sehr bedeutungsvoll. Hinter diesem Haus liegt der Hafen, ein stiller Hafen ohne Schiffe. Die kleine Holztür im Fels unterhalb der Kirche ist stets verschlossen.

»Du musst die Luft anhalten, wenn du an der Tür vorbeirennst«, sagte ich zu Poju. »Sonst kommt die Fäulnis heraus und holt dich.« Poju hat andauernd Schnupfen. Er kann Klavier spielen und hält immer die Hände vor sich ausgestreckt, als fürchtete er sich davor, angegriffen zu werden, oder als wollte er sich entschuldigen. Ich mache ihm Angst, und er läuft stets hinter mir her, damit ich ihm Angst machen kann.

Bei Einbruch der Dämmerung beginnt ein großes graues Wesen vom Meer hinterm Hafen heranzukriechen. Das Wesen hat kein Gesicht, dafür aber sehr deutliche Hände, mit denen es eine Insel nach der anderen bedeckt, während es vorankriecht. Wenn keine Inseln mehr da sind, streckt es den Arm übers Wasser, einen sehr langen Arm, der leicht zittert, und beginnt nach Skatudden zu tasten. Die Finger erreichen die russische Kirche und berühren den Berg – oh! Eine große graue Hand!

Ich weiß genau, was das Unheimlichste von allem ist. Das ist die Schlittschuhbahn. An meinem Pullover ist ein sechseckiges Schlittschuhabzeichen festgenäht. Der Schlittschuhschlüssel hängt mir an einem Schnürsenkel um den Hals. Wenn man sich aufs Eis hinunterbegibt, merkt man, dass die Eisbahn nur ein kleines Armband aus Licht weit draußen in der Dunkelheit ist. Der Hafen ist ein Meer aus blauem Schnee, Einsamkeit und melancholischer frischer Luft.

Poju kann nicht Schlittschuhlaufen, seine Füße knicken nämlich unter ihm ein, ich dagegen muss aufs Eis. Hinter der Bahn lauert das graue kriechende Wesen, und die ganze Bahn ist von einem Ring aus schwarzem Wasser eingefasst. Manchmal beginnt das Wasser am Eisrand zu atmen, es bewegt sich sacht, ab und zu steigt es in einem Seufzer hoch und überflutet das Eis. Wenn man sich erst einmal auf die Schlittschuhbahn hineingerettet hat, ist es nicht mehr gefährlich, aber melancholisch wird man trotzdem.

Hunderte von schwarzen Menschen fahren im Kreis herum, alle in dieselbe Richtung, entschlossen und sinnlos, und in der Mitte sitzen zwei frierende Männer unter einer Plane und machen Musik. Sie spielen »Ramona« und »Wenn meine Alte da ist, bleib ich weg«. Es ist kalt. Die Nase läuft, und wenn man sie abwischt, entstehen Eiszapfen an den Handschuhen. Die Schlittschuhe müssen am Absatz festgemacht werden. Im Absatz ist eine Mulde aus Eisen, und die ist jedes Mal voller Steinchen, die ich mit dem Schlittschuhschlüssel herauspule. Dann sind da die steifen Riemen, die in ihre Löcher hineinsollen. Und dann fahre ich mit den anderen im Kreis herum, weil es gesund ist, an der frischen Luft zu sein und weil das Schlittschuhabzeichen sehr teuer war. Hier ist niemand, dem man Angst machen kann, alle fahren schneller, knirschend und quietschend fahren fremde Schatten an einem vorbei.

Die Lampen schaukeln im Wind. Wenn sie ausgingen, würden wir im Dunkeln weiterfahren, immer im Kreis herum, und die Musik würde weiterspielen, und allmählich würde die Eisrinne ringsum breiter werden, sie würde heftiger klaffen und atmen, und der ganze Hafen würde zu einem schwarzen Wasser werden mit einer einsamen Insel aus Eis in der Mitte, auf der wir weiterfahren würden, in alle Ewigkeit, Amen.

Ramona ist bildschön, bleich wie die Donnerbraut, und hat Jugendverbot. Aber die Donnerbraut habe ich im Wachsfigurenkabinett gesehen. Papa und ich, wir lieben Wachsfigurenkabinette. Die Donnerbraut wurde ausgerechnet in dem Augenblick vom Blitz erschlagen, als sie heiraten sollte. Der Blitz schlug in ihren Myrtenkranz ein und fuhr zu ihren Füßen wieder hinaus. Daher steht die Donnerbraut auch barfuß da, an ihren Fußsohlen kann man deutlich eine Menge gezackter Linien erkennen, wo der Blitz wieder hinausfuhr.

In einem Wachsfigurenkabinett wird einem vor Augen geführt, wie leicht es ist, Menschen kaputt zu machen. Sie können zermalmt, auseinandergerissen und in Stücke gesägt werden. Davor ist niemand sicher, und daher ist es auch so wichtig, dass man rechtzeitig ein Versteck findet.

Ich sang Poju immer wieder das Trauerlied vor. Er hielt sich die Ohren zu, hörte es aber dennoch. Das Leben ist eine Insel der Trauer, mitten im Leben berührt uns der Todesschauer, und übrig bleibt nur Staub! Die Schlittschuhbahn war die Insel der Trauer. Wir lagen unterm Esstisch und zeichneten sie auf. Poju nahm zum Zeichnen ein Lineal und einen zu harten Bleistift, er zeichnete jedes einzelne Brett im Bretterzaun und sämtliche Lampen. Ich selbst zeichnete immer mit einem 4 B und ausschließlich schwarz – die Dunkelheit auf dem Eis oder die Eisrinne oder tausend schwarze Menschen, die auf knirschenden

Schlittschuhen im Kreis herumflohen. Poju begriff nicht, was ich zeichnete, und da nahm ich einen Rotstift und flüsterte: »Blutspuren! Das ganze Eis ist voller Blutspuren!« Und Poju schrie, während ich die Grausamkeit auf das Papier bannte, um zu verhindern, dass sie an mich herankam.

Eines Sonntags brachte ich ihm bei, wie er sich vor den Schlangen retten konnte, die in dem großen Plüschteppich in Pojus Wohnung verborgen waren. Man musste dabei vor allem beachten, dass man nur die hellen Streifen betreten durfte, alle Farben, die hell waren. Wer danebentrat, ins Braune, war verloren. Dort unten wimmelte es von Schlangen, das ließ sich gar nicht beschreiben, das musste man sich ausmalen. Jeder musste sich seine eigenen Schlangen ausmalen, da die des anderen niemals so schrecklich werden konnten.

Poju balancierte mit winzigen Schritten und ausgestreckten Händen über den Teppich, und sein großes feuchtes Taschentuch flatterte kläglich in der einen Hand.

»Jetzt wird's schmal«, sagte ich. »Pass jetzt gut auf und versuch, auf diese helle Blume in der Mitte zu hüpfen!«

Die Blume befand sich schräg hinter ihm, vorher lief das Muster in einer dünnen Schlinge aus. Poju versuchte verzweifelt, das Gleichgewicht zu halten, er flatterte mit dem Taschentuch und begann zu schreien, dann stürzte er ab, ins Braun hinunter. Er schrie und schrie und wälzte sich auf dem Teppich, er rollte auf den Boden hinaus und von dort unter einen Schrank. Ich schrie ebenfalls. Dann kroch ich hinterher und nahm ihn in die Arme und hielt ihn fest, bis er sich beruhigt hatte.

Plüschteppiche sind gefährlich. Da ist es viel besser, in einem Atelier mit Zementboden zu wohnen. Das ist auch der Grund, warum Poju immer so gern in unsere Wohnung kommt.

Poju und ich graben uns einen Geheimgang durch die Wand.

Ich habe schon ein gutes Stück geschafft, obwohl ich nur arbeiten kann, wenn ich allein bin. Die Holzverschalung war nicht allzu schwierig, doch danach musste ich zum Marmorhammer greifen. Pojus Loch ist viel kleiner, aber sein Vater hat ja auch so schlechtes Werkzeug, dass es eine wahre Schande ist.

Jedes Mal wenn ich allein bin, hebe ich den Wandbehang hoch und klopfe weiter; bisher hat noch niemand bemerkt, was ich treibe. Der Wandbehang ist aus Sackleinen, und Mama hat ihn bemalt, als sie jung war. Er stellt einen Abend dar. Aus dem Moos steigen gerade Stämme auf, und hinter den Stämmen ist der Himmel rot, weil die Sonne untergeht. Bis auf den Himmel ist alles in unbestimmte, dunkle, graubraune Töne getaucht, doch die schmalen roten Streifen leuchten wie Feuer. Ich liebe Mamas Bild. Es führt einen tief in den Wald hinein, tiefer als mein Loch, tiefer als Pojus Wohnzimmer, es führt ins Unendliche, und man kommt nie an den Punkt, von wo aus man sehen könnte, wo die Sonne untergeht, das Rot aber wird immer leuchtender. Ich glaube, es brennt! Da hinten ist eine große schreckliche Feuersbrunst, genau so eine Feuersbrunst, wie sie Papa immer erwartet.

Als Papa mir zum ersten Mal eine seiner Feuersbrünste zeigte, war es Winter. Er ging voraus übers Eis, und Mama kam hinterher und zog mich auf einem Schlitten. Der Himmel war rot, schwarze Menschen rannten umher, und etwas Entsetzliches war geschehen. Das Eis war mit schwarzen, stachligen Sachen übersät. Papa sammelte sie ein und legte sie mir in die Arme, sie waren sehr schwer und drückten auf meinen Bauch.

Explosion ist ein schönes Wort, und sehr groß ist es auch. Später lernte ich noch andere Wörter kennen, die man nur vor sich hin flüstern kann, wenn man allein ist. Unerbittlich. Ornamentik. Profil. Katastrophal. Elektrisch. Kolonialwarenladen.

Wenn man sie häufig wiederholt, werden sie immer größer. Man flüstert und flüstert und lässt das Wort wachsen, bis außer dem Wort nichts mehr vorhanden ist.

Ich frage mich, warum die Feuersbrünste immer nachts ausbrechen. Vielleicht interessiert Papa sich nicht für Feuersbrünste, die tagsüber brennen, weil der Himmel da nicht rot ist.

Papa weckte uns jedes Mal, und wir hörten das Heulen der Feuerwehr, es war sehr eilig, wir rannten durch die Straßen, die ganz leer waren. Der Weg zu Papas Feuersbrunst war immer schrecklich weit. Alle Häuser schliefen schon und streckten ihre Schornsteine in den roten Himmel, der immer näher kam, und schließlich waren wir da, und Papa hob mich hoch und zeigte mir das Feuer. Aber manchmal war es auch nur ein mickriges kleines Feuer, das schon längst erloschen war, und dann war Papa so enttäuscht und niedergeschlagen, dass er getröstet werden musste.

Mama mag nur ganz kleine Feuersbrünste, die sie verstohlen im Aschenbecher anzündet. Und Kaminfeuer mag sie auch. Jeden Abend, wenn Papa ausgegangen ist, um Bekannte zu besuchen, macht sie im Atelier und im Flur ein Feuer im Kamin.

Wenn das Feuer brennt, zieht sie den großen Stuhl heran. Wir machen das Licht im Atelier aus und setzen uns vors Feuer, und sie beginnt: »Es war einmal ein kleines Mädchen, das war unglaublich schön, und ihre Mutter hatte sie so unglaublich lieb …« Jede Geschichte muss so anfangen, was dann folgt, ist nicht so wichtig. Eine milde, langsame Geschichte in einer warmen Dunkelheit, man starrt ins Feuer, und nichts ist gefährlich. Alles andere ist draußen und kann nicht hereinkommen. Jetzt nicht und auch in Zukunft nicht.

Meine Mama hat dichtes dunkles Haar, es hüllt einen ein wie eine Wolke, es riecht gut, die traurigen Königinnen im Buch haben solche Haare. Das schönste Bild im ganzen Buch ist eine ganze Seite groß. Es stellt eine Landschaft in der Dämmerung dar, eine mit Lilien bewachsene Ebene. Überall auf der Ebene wandeln blasse Königinnen umher, sie halten Gießkannen in den Händen. Die vorderste ist geradezu überirdisch schön. Ihr langes dunkles Haar ist weich wie eine Wolke, und der Zeichner hat es mit Pailletten bestreut, vermutlich hat er Deckfarbe genommen, nachdem alles andere fertig war. Das milde Profil der Königin ist ernst. Da wandelt sie nun ihr Leben lang und gießt und gießt, und niemand weiß, wie schön und traurig sie ist. Die Gießkannen sind mit echter Silberfarbe gemalt, und wie der Verlag sich so etwas leisten kann, das begreifen Mama und ich mit dem besten Willen nicht.

Mamas Erzählungen handeln oft von Moses, erst im Schilf, und dann später; von Isaak und von Leuten, die Heimweh nach ihrem eigenen Land haben oder die sich verirren und dann doch noch den richtigen Weg finden; von Eva und der Schlange im Paradies und von großen Stürmen, die sich schließlich beruhigen. Die meisten Personen in ihren Geschichten haben auf jeden Fall häufig Heimweh und sind oft einsam, sie verhüllen sich in ihrem Haar und werden in Blumen verwandelt.

Manchmal auch in Frösche, und Gott behält sie die ganze Zeit im Auge und vergibt ihnen, allerdings nur, wenn er nicht gerade zornig und gekränkt ist und ganze Städte zerstört, weil die Einwohner an andere Götter glauben.

Moses konnte ab und zu auch recht unbeherrscht sein. Die Frauen aber warteten und warteten und hatten Heimweh. Oh, ich werde dich in dein eigenes Land führen oder in welches Land du willst auf Erden und Pailletten in dein Haar malen und dir ein Schloss bauen, in dem wir leben werden, bis dass der Tod uns scheidet, und niemals werden wir auseinandergehen. Und in einem dunklen, unendlichen Wald, schwarze Wolken, der Donner hallt, ein kleines Kind ganz einsam geht, die Nacht so schwarz und grausig steht, das Kind so traurig weinet sehr, die Mutter seh ich nimmermehr, hier in Finsternis und Not, erleiden muss ich bittern Tod. Sehr befriedigend. Auf diese Art sperrten wir das Gefährliche aus.

Papas Figuren bewegten sich sachte im Schein des Feuers, seine melancholischen weißen Frauen, die einen vorsichtigen Schritt wagten, ständig fluchtbereit. Sie wussten Bescheid um das Gefährliche, das überall lauert, aber für sie gab es nur eine Rettung – sie mussten in Marmor gehauen und in einem Museum aufgestellt werden. Dort war man in Sicherheit. In einem Museum, auf einem Schoß oder unter einem Baum. Möglicherweise unter der Bettdecke. Aber das Beste war wohl doch, in einem hohen Baum zu sitzen, wenn man sich nicht zufällig noch im Bauch seiner Mutter befand.

# DER STEIN

Er lag zwischen dem Kohlehaufen und den Güterwagen unter ein paar Brettern, und es grenzte an ein Wunder, dass noch niemand vor mir ihn gefunden hatte. Eine ganze Seite glitzerte silbern, und wenn man den Kohlestaub abrieb, sah man, dass der übrige Stein ebenfalls aus Silber war. Es war ein riesiger Stein aus purem Silber, und niemand hatte ihn bisher entdeckt.

Ich wagte ihn nicht zu verstecken, irgendjemand könnte es beobachten und ihn dann an sich nehmen, während ich nach Hause lief. Der Stein musste gerollt werden. Wenn jemand käme und mich daran hindern wollte, würde ich mich auf ihn setzen und wie am Spieß brüllen. Ich würde jeden beißen, der ihn aufzuheben versuchte. Ich würde einfach alles machen.

Also begann ich ihn zu rollen. Es ging sehr langsam. Er ließ sich zuerst auf den Rücken fallen und blieb dann regungslos liegen, und nachdem ich ihn ein weiteres Mal umgewälzt hatte, legte er sich schaukelnd auf den Bauch. Das Silber blätterte ab und wurde zu kleinen dünnen Plättchen, die im Boden stecken blieben und zerbrachen, wenn man sie herauszupulen versuchte.

Ich kniete hin, um ihn zu rollen, das ging besser. Aber es dauerte schrecklich lang, der Stein ließ sich jedes Mal nur einmal entweder auf den Rücken oder auf den Bauch kippen. Solange ich unten im Hafen rollte, kümmerte sich kein Mensch um mich. Dann brachte ich den Stein auf einen Bürgersteig hinauf, und ab da wurde es schwieriger. Die Leute blieben stehen und klopften mit ihren Schirmen aufs Pflaster und äußerten sich sehr wortreich. Ich sagte nichts, sah nur ihre Stiefel. Dann zog ich mir die Mütze über die Augen und rollte und rollte, bis der Stein schließlich über die Straße musste. Inzwischen hatte ich schon viele Stunden lang gerollt und kein einziges Mal aufgeschaut und keinem einzigen Wort zugehört, das mir gesagt wurde. Ich sah nur das Silber, das unter all dem Kohlestaub und dem Dreck hervorschimmerte, und machte mir ein sehr kleines Zimmer nur für mich und den Stein. Aber jetzt musste er über die Straße.

Ein Auto nach dem anderen fuhr vorüber und manchmal auch eine Straßenbahn, und je länger ich wartete, desto schwieriger wurde es, den Stein auf die Straße hinauszurollen.

Schließlich begannen meine Beine zu zittern, und da wusste ich, jetzt ist es dann zu spät, in ein paar Sekunden wird es zu spät sein, also ließ ich ihn in den Rinnstein fallen und begann ihn sehr rasch zu rollen, ohne aufzusehen. Ich hielt meine Nase direkt über dem Stein, damit das Zimmer, in dem ich uns versteckt hatte, so klein wie möglich blieb, und hörte dabei sehr gut, wie die Autos anhielten und sich aufregten, aber ich zog einen Strich zwischen ihnen und mir und rollte und rollte immer nur weiter. Wenn etwas wichtig genug ist, kann man gewisse Dinge aussperren. Das geht sehr gut. Man kauert sich zusammen und schließt die Augen und sagt sich die ganze Zeit ein großes Wort vor, bis man in Sicherheit ist.

Als ich bei den Straßenbahnschienen anlangte, war ich so müde, dass ich mich auf den Stein legte und ihn festhielt. Die Straßenbahn klingelte allerdings so hartnäckig, dass ich wieder weiterrollen musste, und jetzt hatte ich keine Angst mehr, jetzt war ich nur noch zornig, und das war besser.

Im Übrigen hatten der Stein und ich uns ein so winziges Zimmer geschaffen, dass es nichts zu bedeuten hatte, wer da schrie und was geschrien wurde. Wir waren ungeheuer stark. Es war das reinste Kinderspiel, wieder auf den Bürgersteig hinaufzukommen, und von dort aus setzten wir unseren Weg fort, die Lotsengasse hinauf. Ein schmaler Streifen aus reinem Silber zog sich hinter uns her. Manchmal ruhten wir uns aus, um uns dann wieder gestärkt auf den Weg zu machen.

Wir erreichten das Torgewölbe und brachten auch die Haustür auf, doch dann kamen die Treppen.

Wenn man hinkniete und mit beiden Händen ordentlich zupackte und wartete, bis sich das richtige Gleichgewicht eingefunden hatte, ließ es sich machen. Man brauchte nur den Magen zu verknoten, die Luft anzuhalten und die Handgelenke gegen die Knie zu pressen. Dann nach oben, schnell über den Rand, der Magen sank wieder zusammen, man horchte und wartete, aber das Treppenhaus war ganz leer. Dann dasselbe noch einmal.

Als das Treppenhaus eine Biegung machte und schmaler wurde, pressten wir uns an die Wand. So kletterten wir langsam nach oben, ohne dass jemand kam. Zwischendurch legte ich mich auf den Stein, um einfach zu atmen, und sah das Silber an, Silber für viele Millionen, und nur noch vier Stockwerke, dann würden wir es geschafft haben.

Im vierten Stock geschah es dann. Die Hand im Fausthandschuh glitt ab, ich fiel vornüber und lag ganz still und hörte das entsetzliche Geräusch, als der Stein hinunterpolterte. Das Geräusch wurde größer und größer, ein Geräusch wie Krachen, Knacken, Knallen und Katastrophe, lauter K, und schließlich ein weicher abgrundentsetzlicher Aufprall, als der Stein gegen Nieminens Tür schlug.

Die Welt ging unter, und ich presste die Fausthandschuhe vor die Augen. Nichts geschah. Gewaltige Echos wanderten die Treppen herauf und hinab, aber nichts geschah. Keine aufgebrachten

Hausbewohner stürzten aus ihren Türen. Aber vielleicht lauerten sie ja *dahinter*.

Ich kroch auf allen vieren wieder hinunter. Jede Treppenstufe war in einem kleinen Halbkreis abgebissen. Weiter unten waren es große Halbkreise, und die Stücke lagen überall verstreut und starrten mich an. Ich rollte den Stein von Nieminens Tür weg und begann von Neuem. Unbeirrbar und ohne die abgebissenen Treppenstufen anzusehen, bewegten wir uns wieder nach oben. Wir kamen an der Stelle vorbei, wo es schiefgegangen war, und ruhten uns vor der Balkontür aus. Die Balkontür ist dunkelbraun und hat kleine viereckige Scheiben.

Da hörte ich die Haustür aufgehen und wieder zuschlagen und jemanden die Treppe heraufkommen. Sehr langsame Schritte stapften unaufhaltsam herauf. Ich kroch vor ans Geländer und schaute hinunter. Ich konnte bis auf den Grund des Treppenhauses hinuntersehen, ein langes schmales Rechteck, vom Treppengeländer eingeschnürt. Eine große Hand kam das Treppengeländer herauf, immer rundherum und immer näher. Mitten auf dem Handrücken befand sich ein Fleck, daher wusste ich, dass es die tätowierte Hand des Hausmeisters war, die da kam, und dass er vermutlich auf den Speicher hinaufwollte.

So leise wie möglich öffnete ich die Balkontür und begann den Stein über die Schwelle hinauszurollen. Die Schwelle war hoch. Ich rollte, ohne zu überlegen, ich hatte große Angst und packte nicht richtig zu, der Stein rollte schräg in die Türspalte hinein und blieb stecken. Die Tür bestand aus zwei Flügeln, oben hatte der Hausmeister eine Eisenspirale zwischen ihnen angebracht, da die Frauen immer vergaßen, die Tür hinter sich zu schließen. Ich hörte, wie die Spirale sich zusammenzog, sie sang sehr leise, während sie den Stein und mich einklemmte, ich zog meine Beine an und warf mich auf den Stein und versuchte ihn hinauszurollen, aber der Türspalt wurde immer schmaler und schmaler, und ich wusste, dass die Hand des Hausmeisters die ganze Zeit am Treppengeländer hochglitt.

Ich sah das Silber des Steins ganz nah vor meinem Gesicht, und ich packte zu und rollte und stieß mich mit den Beinen ab, und dann, plötzlich, kippte er um, rollte mehrere Runden, unterm Eisengeländer hindurch, in die Luft hinaus und verschwand.

Alles, was ich jetzt noch sah, waren Staubbällchen, leicht und zart wie Vogeldaunen, von vereinzelten, kleinen, farbigen Fäden durchzogen.

Ich lag platt auf dem Bauch, und die Tür drückte gegen meinen Hals, und es war ganz still, bis der Stein unten auf dem Hof ankam. Und dort zerbarst er wie ein Meteor, er bedeckte die Mülleimer, die Wäsche, alle Treppen und Fenster mit Silber! Als er sein Herz öffnete, versilberte der Stein die ganze Lotsengasse Nummer 4, und alle Frauen stürzten an ihre Fenster und glaubten, der Krieg oder das Jüngste Gericht seien ausgebrochen! Jede Tür ging auf, und alle rannten mit dem Hausmeister an der Spitze die Treppen auf und ab und sahen, dass ein Ungeheuer jede einzelne Treppenstufe abgebissen hatte und dass ein Meteor vom Himmel gefallen war.

Aber ich lag zwischen die Balkontür eingeklemmt und sagte nichts. Auch hinterher sagte ich nichts. Niemand erfuhr, wie kurz wir davor gestanden hatten, reich zu werden.

# FESTE

Manchmal wachte ich nachts von der schönsten Musik der Welt auf, nämlich von Balalaika- und Gitarrenklängen. Papa spielte Balalaika und Cawan Gitarre, sie spielten sehr behutsam, beinahe flüsternd, beide wie in weiter Ferne, dann kamen sie näher und machten sich gegenseitig Platz, sodass mal die Gitarre an die Reihe kam und mal die Balalaika.

Es waren milde, wehmütige Weisen von Dingen, die immer nur weitergehen und weitergehen und an denen man nichts ändern kann. Dann wurden sie wild und übermütig, und Marcus zerschmetterte sein Glas. Aber mehr als eines zerschmetterte er nie, und Papa sorgte dafür, dass er immer ein Glas von der billigsten Sorte bekam. Ein grauer Nebel aus Tabaksrauch hing oben auf meinem Schlafregal unterm Dach und machte das Unwirkliche nur noch unwirklicher. Wir befanden uns draußen auf dem Meer oder vielleicht inmitten hoher Berge, und ich hörte, wie sie sich durch den Nebel zuschrien, einzelne Sachen fielen herunter, und hinter den heftigeren Geräuschen die Balalaika und die Gitarre in schwächeren oder stärkeren Wellen.

Ich liebe Papas Feste. Die Feste können viele Nächte lang andauern, man wacht auf und schläft wieder ein, wird vom Rauch und von der Musik geschaukelt, und dann ein plötzliches Gebrüll, das durch die Wärme hindurch mit Eiseskälte bis an die Zehen dringt.

Es lohnt sich nicht, hinunterzugucken, denn dann verschwindet all das, was man sich vorgestellt hat. Jedes Mal ist es dasselbe. Von oben gesehen sitzen sie im Sofa oder auf den Stühlen, oder sie gehen langsam im Salon auf und ab. Cawan kauert über der Gitarre, als wolle er sich in ihr verstecken, seine Glatze schwimmt wie ein blasser Fleck im Nebel, und er sinkt immer tiefer und tiefer. Papa ist sehr aufrecht und blickt geradeaus. Die anderen nicken ab und zu ein, feiern macht nämlich sehr müde. Aber nach Hause gehen sie nicht, es ist sehr wichtig, dass man versucht, der Letzte zu sein. Papa gewinnt meistens, er bleibt bis zuletzt. Wenn alle anderen schlafen, bleibt er sitzen und schaut und denkt, bis der Morgen anbricht.

Mama feiert nicht, sie muss aufpassen, dass die Petroleumlampe im Schlafzimmer nicht rußt. Das Schlafzimmer ist unser einziges richtiges Zimmer außer der Küche, das heißt, es hat eine Tür. Aber keinen Kachelofen. Daher muss die Petroleumlampe die ganze Nacht brennen, damit das Zimmer warm bleibt. Wenn man die Tür öffnet, kommt Tabakrauch ins Schlafzimmer, dann bekommt Per Olov Asthma. Das mit dem Festefeiern ist viel schwieriger geworden, seit ich einen Bruder bekommen habe, aber meine Eltern tun trotzdem ihr Bestes.

Am schönsten ist der Tisch. Manchmal stehe ich auf und schaue über die Balustrade auf den Tisch hinunter und kneife dabei die Augen zu, und da entsteht aus Glas und Licht und all den Sachen, die auf dem Tisch herumliegen, ein Schimmer, der eine Einheit erzeugt wie auf einem Gemälde. Die Einheit ist sehr wichtig. Manche bilden die Sachen nur ab und vergessen die Einheit. Ich weiß Bescheid. Ich weiß viel, sage es aber nicht.

Alle Männer feiern und sind Kumpane, die sich nie im Stich lassen. Ein Kumpan kann fürchterliche Sachen sagen, aber am nächsten Tag sind sie vergessen. Ein Kumpan verzeiht nicht, er vergisst ganz einfach, und eine Frau verzeiht alles, aber vergisst nie. So ist das. Das ist auch der Grund, warum Frauen nicht feiern dürfen. Es ist sehr unangenehm, wenn einem verziehen wird. Ein Kumpan äußert nie etwas, das klug wäre oder sich lohnen würde, es am nächsten Tag zu wiederholen. Er spürt ganz einfach, dass jetzt gerade nichts besonders wichtig ist.

Einmal spielten Papa und Cawan mit dem Flugzeug, das man mit einem Katapult abschießen kann. Ich glaube nicht, dass Cawan begriff, wie es konstruiert war, er schoss nämlich in die verkehrte Richtung, und das Flugzeug flog in seine Hand, mit dem Haken mitten durch. Es war fürchterlich, und das Blut floss über den ganzen Tisch, und dann konnte er nicht einmal seinen Mantel anziehen, weil das Flugzeug nicht durch den Ärmel ging. Papa tröstete Cawan und brachte ihn ins Krankenhaus, wo sie den Haken mit einer Beißzange abzwickten und das Flugzeug in ihrem Museum ausstellten.

Auf einem Fest kann einfach alles passieren, wenn man sich nicht vorsieht:

Wir feiern nie im Atelier, nur im Salon. Im Salon gibt es zwei hohe Fenster, die oben in ernsten Bögen enden, und das ganze, mit vielen Schnörkeln verzierte Mobiliar meiner Großeltern aus gemasertem Holz. Die Möbel erinnern Mama immer ans Land; auf dem Land ist alles so, wie es sein soll.

Anfangs passte sie sehr gut auf die Möbel auf und wurde traurig, wenn Zigarettenlöcher und Ringe von Gläsern entstanden, aber inzwischen ist ihr klar, dass es gerade auf die Patina ankommt.

Mama weiß genau, wie man Feste feiern muss. Sie deckt keine Tische, und sie lädt auch keine Leute ein. Sie weiß, dass nur die Improvisation die richtige Stimmung erzeugen kann. Das ist ein schönes Wort. Papa begibt sich auf die Suche nach Bekannten. Bekannte können jederzeit und überall auftauchen. Manchmal ist keiner zu finden. Aber oft sind sie da. Und dann kriegt man plötzlich Lust, irgendwo hinzugehen. Und man landet auch irgendwo. Das ist wichtig.

Dann sagt man, so, jetzt wollen wir mal schauen, was es so in der Speisekammer gibt. Und man begibt sich leise hin und schaut nach – und da gibt es einfach alles! Man findet die teure Wurst, Flaschen, Brotlaibe, Butter, Käse und sogar Mineralwasser und trägt alles in den Salon und improvisiert. Mama hat alles bestens vorbereitet.

Mineralwasser ist übrigens gefährlich. Davon bekommt man Blasen im Bauch, und das kann einen sehr melancholisch stimmen. Mischen darf man nie.

Mit der Zeit erlöschen alle Kerzen auf der Balustrade, und das Wachs träufelt aufs Salonsofa hinunter. Auf die Musik folgen die Kriegserinnerungen. Da warte ich erst ein Weilchen unter der Bettdecke, aber jedes Mal wenn sie den Korbstuhl angreifen, muss ich doch wieder gucken. Papa holt sein Bajonett, das im Atelier über den Gipssäcken hängt, und alle springen auf und schreien, und dann greift Papa den Korbstuhl an. Tagsüber ist der Korbstuhl mit einem handgeknüpften Teppich bedeckt, damit man nicht sieht, was aus ihm geworden ist. Nach dem Angriff auf den Korbstuhl will Papa nicht mehr Balalaika spielen. Dann schlafe ich ein.

Am nächsten Tag sind alle noch da und versuchen mir schöne Sachen zu sagen. Guten Morgen, holde Maid, Liebliche im Blütenkleid … Mama bekommt Geschenke. Ruokokoski schenkte ihr ein halbes Pfund Butter, und einmal bekam sie sogar zwanzig Eier von Sallinen.

Morgens ist es sehr wichtig, nicht allzu spürbar mit dem Aufräumen anzufangen. Und wenn man traurige frische Luft hereinlässt, ist es kein Wunder, wenn sich die Leute erkälten oder niedergeschlagen werden. Es ist wichtig, den Übergang zu einem neuen Tag sehr langsam und freundlich zu gestalten. Bei Tageslicht wird manches anders, und wenn der Unterschied zu krass ausfällt, kann das alles kaputt machen. Man muss ungestört auf und ab gehen und sich nachdenklich fragen können, wonach man sich eigentlich sehnt.

Am nächsten Tag sehnt man sich immer nach etwas, aber man weiß nicht genau wonach. Schließlich kommt man zu dem Ergebnis, dass es vielleicht Hering sein könnte. Und dann geht man in die Speisekammer und findet tatsächlich Hering.

Dann geht der Tag ganz still weiter und wird zu einem neuen Abend, vielleicht mit neuen Kerzen. Alle gehen sehr behutsam miteinander um, sie wissen, wie wenig nötig ist, um das Gleichgewicht zu stören.

Ich gehe ins Bett und höre, wie Papa die Balalaika stimmt. Mama zündet die Petroleumlampe an. Im Schlafzimmer haben wir ein ganz rundes Fenster. Außer uns hat niemand ein rundes Fenster. Man kann über alle Dächer und über den Hafen hinausblicken, und alle Fenster werden allmählich schwarz, nur eines bleibt hell, das Fenster unterhalb von Viktor Eks großer leerer Brandmauer. Dort brennt die ganze Nacht Licht. Vielleicht feiern sie dort auch. Oder vielleicht illustrieren sie.

# ANNA

Es war eine wahre Freude, Anna anzusehen!

Annas Haar wuchs wie kräftiges, saftiges Gras, es hing mehr oder weniger zufällig gekappt auf ihre Schultern herunter und sprühte vor Leben. Ihre Augenbrauen waren schwarz und dick und in der Mitte zusammengewachsen, ihre Nase war platt, ihre Wangen waren sehr rot. Ihre Arme ragten wie Säulen ins Spülwasser hinein. Anna war schön.

Anna sang, während sie spülte, und ich saß unterm Küchentisch und versuchte, mir den Text zu merken. Ich war bis zum dreizehnten Vers von »Hjalmar und Hulda« gekommen, und erst ab da beginnt eigentlich etwas zu passieren.

»Herein tritt Hjalmar der Recke, in funkelnder Waffen Gewand. Die Harfe verstummt, ergrimmt packt er der treulosen Braut bebende Hand, reißt wild den Brautkranz aus ihrem Haar; bleich, als läge sie schon auf der Bahre, blickt Hulda zitternd und voller Harm auf des zornigen Liebsten rächenden Arm.« Da muss man schaudern, das tut gut. Wie wenn Anna sagt: »Geh ein Weilchen raus, jetzt muss ich nämlich weinen, das tut so gut.«

Annas Liebhaber traten oft in funkelnder Waffen Gewand ein. Am besten gefiel mir der Dragoner mit der roten Hose und den Rippen auf der Jacke, er war sehr schön. Er stellte den Säbel ab, und manchmal fiel der Säbel zu Boden, und ich hörte das Rasseln bis auf mein Regal hinauf und dachte an seinen langen rächenden Arm. Dann verschwand der Dragoner, und Anna bekam einen neuen Liebsten, einen Denkenden Menschen. Ab da besuchte sie Vorlesungen und hörte Platon und verachtete Papa, der Zeitungen las, und Mama, die Romane las.

Ich erklärte Anna, dass Mama keine Zeit habe, andere Bücher zu lesen als die, für die sie die Umschläge zeichnen musste, da sie ja wissen musste, wovon das Buch handelte und wie die Heldin aussah. Manche zeichnen einfach drauflos und gehen überhaupt nicht auf den Autor ein. Das darf man nicht. Ein Illustrator muss sowohl an den Autor als auch an den Leser denken und manchmal sogar an den Verlag.

»Ha«, sagte Anna, »das muss ein rechter Schundverlag sein, wenn er nicht mal Platon herausgibt. Übrigens bekommt die gnädige Frau alles umsonst, was sie illustriert, und auf dem letzten Umschlag hat die Heldin ja gar keine gelben Haare gehabt, obwohl ihre Haare gelb waren.«

»Farbe ist teuer!«, sagte ich erbost. »Und übrigens gibt es für manche Bücher nur fünfzig Prozent Rabatt!« Es war ganz unmöglich; Anna zu erklären, dass Verleger Vielfarbendrucke nicht leiden können und dass sie einem immer mit dem Zweifarbendruck auf die Nerven gehen, obwohl sie genau wissen, dass eine der beiden Farben auf jeden Fall Schwarz sein muss. Außerdem kann man auch ohne gelbe Farbe Haare so zeichnen, dass sie gelb aussehen.

»Aha!«, sagte Anna. »Und was hat das mit Platon zu tun, wenn ich fragen darf?«

Da verlor ich meinen ursprünglichen Faden. Anna brachte immer alles durcheinander und behielt recht.

Aber manchmal gelang es mir, sie zu unterdrücken. Ich ließ sie endlos lang von ihrer Kindheit erzählen, bis sie in Tränen ausbrach, und dann stellte ich mich nur ans Fenster, wippte auf den Fersen und sah in den Hof hinunter. Oder ich unterließ es zu fragen, was ihr fehle, obwohl ich sah, dass ihr Gesicht geschwollen war und sie die Kehrschaufel quer durch die Küche schmetterte.

Ich konnte Anna auch unterdrücken, indem ich mich höflich mit ihren Liebhabern unterhielt, sie nach Sachen fragte, die sie interessierten, und sitzen blieb und einfach nie ging. Eine sehr gute Möglichkeit war auch, mit hochnäsig schleppender Stimme zu sagen: »Die gnädige Frau wünschen einen Kalbsbraten zum Sonntag«, und dann sofort die Küche zu verlassen, als ob Anna und ich nichts anderes gemeinsam hätten.

Anna benützte Platon lange als Rache.

Ihr nächster Liebhaber war Ein Mann Aus Dem Volk, und da bestand ihre Rache darin, dass sie dauernd von den alten Zeitungsfrauen redete, die schon um vier Uhr früh aufstünden, während der gnädige Herr sich im Bett räkele und auf das Tageblatt warte. Ich sagte, keine Zeitungsfrau der Welt brauche die ganze Nacht durchzuarbeiten, wenn ein Wettbewerb sei und Gips gegossen werden müsse, und Mama arbeite jede Nacht bis zwei, während Anna sich in ihrem Bett räkele, und da sagte Anna: »Zieh mich nicht in diese Sache hinein, und übrigens hat der gnädige Herr beim letzten Wettbewerb ja überhaupt keinen Preis bekommen!«

Da schrie ich, das habe nur damit zu tun, dass die Jury ungerecht sei, und Anna schrie, das sei leicht gesagt, und ich, dass sie überhaupt nichts begreife, da sie keine Künstlerin sei, und sie: »Kunststück, so überlegen zu tun, wenn unsereins nicht einmal Zeichenunterricht gehabt hat!«

Und dann sprachen wir viele Stunden nicht mehr miteinander. Nachdem wir uns ausgeweint hatten, begab ich mich wieder in die Küche, wo Anna inzwischen die Wolldecke über den Küchentisch gehängt hatte. Das hieß, dass ich mir unterm Tisch mein Haus bauen durfte, wenn ich ihr oder der Speisekammertür nicht im Weg war. Ich baute mit den Stühlen, den Holzscheiten und dem Schemel. Eigentlich machte ich es nur aus purer Höflichkeit, unter dem großen Modellierbock konnte man nämlich viel bessere Häuser bauen.

Als das Haus fertig war, gab Anna mir etwas Geschirr, das ich ebenfalls aus reiner Höflichkeit annahm. Ich machte mir überhaupt nichts daraus, im Spiel Essen zu kochen. Ich kann Essen nicht ausstehen.

Einmal gab es am ersten Juni keine Traubenkirschenzweige auf dem Markt. Mama muss zu ihrem Geburtstag Traubenkirschenzweige bekommen, sonst stirbt sie. Das hat ihr ein Zigeuner gesagt, als sie fünfzehn war, und seither haben alle fürchterliche Probleme mit den Traubenkirschen. Manchmal schlägt die Traubenkirsche zu früh aus und manchmal zu spät. Wenn man sie schon Mitte Mai hereinholt, bekommen die Blätter braune Ränder, und die Blüten schaffen es nie auszuschlagen.

Aber Anna sagte: »Ich kenne einen weißen Traubenkirschenbaum im Park. Wenn es dunkel ist, gehen wir hin und pflücken ein paar Zweige.«

Es wurde sehr spät dunkel, aber ich durfte trotzdem mitkommen, und wir verrieten mit keinem Wort, was wir vorhatten. Anna nahm mich an die Hand, ihre Hände waren immer warm und feucht, und wenn sie sich bewegte, verbreitete sie einen heißen, leicht erschreckenden Duft.

Wir gingen die Lotsengasse hinunter und zum Park hinüber, und ich war ganz starr vor Entsetzen und dachte an den Parkwächter und die Stadtverwaltung und Gott.

»So etwas würde Papa nie tun«, sagte ich.

»Nein, dazu ist der gnädige Herr zu bürgerlich«, antwortete Anna. »Man nimmt sich das, was man braucht, und damit hat sich's.«

Wir waren schon über den Zaun geklettert, bevor mir die Ungeheuerlichkeit dessen aufging, was sie gesagt hatte – Papa sei bürgerlich! Ich war so verdattert, dass ich gar nicht dazu kam, mich gekränkt zu fühlen.

Anna marschierte direkt auf den weißen Busch mitten auf dem Rasen zu und begann zu pflücken. »Du pflückst falsch!«, fauchte ich ihr zu. »Das muss man doch richtig machen!«

Anna stand aufrecht und breitbeinig im Gras und sah mich an. Sie lachte mit ihrem breiten Mund, dass alle ihre großen schönen Zähne sichtbar wurden, und nahm mich wieder an die Hand, duckte sich, lief unter die Büsche und begann zu schleichen. Wir schlichen uns an einen anderen weißen Busch heran, und Anna schaute die ganze Zeit über die Schulter und blieb ab und zu hinter einem Baum stehen.

»Ist es so besser?«, fragte sie.

Ich nickte und drückte ihre Hand. Dann begann sie zu pflücken. Sie streckte ihre kräftigen Arme hinauf, wobei ihr Kleid überall spannte, sie lachte und brach Zweige ab, und die Blüten regneten auf ihr Gesicht herab und ich flüsterte: »Hör auf, hör auf, das reicht!« und war so außer mir vor Schreck und Begeisterung, dass ich fast in die Hose machte.

»Wenn man schon klaut, dann aber ordentlich«, sagte Anna ruhig. Sie hatte den Arm voller Traubenkirschenzweige, die ihren Arm und ihre Schultern bedeckten, und hielt die Stiele mit ihrer großen roten Hand fest. Dann kletterten wir rasch wieder über den Zaun, und kein Parkwächter kam und auch kein Polizist.

Hinterher behaupteten die anderen, das seien überhaupt keine Traubenkirschenzweige; der Busch, von dem wir gepflückt hätten, sei einfach irgendein Busch mit weißen Blüten gewesen. Aber Mama überlebte es trotzdem, sie starb nicht.

Manchmal drehte Anna durch und schrie: »Ich kann dich nicht

mehr sehen! Geh raus!« Dann ging ich hinunter auf den Hof, setzte mich auf den Mülleimer und verbrannte Filmstreifen mit der Lupe.

Ich liebe Gerüche, den Geruch von brennenden Filmstreifen, von Hitze, von Anna, von Papas Tonkiste, von Mamas Haar, den Geruch von Festen und Traubenkirschen. Ich selbst habe noch keinen Geruch, glaube ich.

Im Sommer roch Anna anders, da roch sie noch wärmer und nach Gras. Sie lachte häufiger, und man sah mehr von ihren großen Armen und Beinen.

Anna konnte rudern, das musste man ihr wirklich lassen. Sie machte einen einzigen Ruderschlag, um sich dann triumphierend auf den Rudern auszuruhen, das Boot glitt über das aufschäumende, blaue abendliche Wasser, und sie machte noch einen Ruderschlag und zeigte, wie stark sie war, während das Boot schäumend dahinschoss. Dann lachte sie laut auf und tauchte das eine Ruder ein und brachte das Boot zum Drehen, um zu zeigen, dass sie keine Lust hatte, irgendwohin zu kommen, sondern nur spielte.

Schließlich ließ sie das Boot treiben und legte sich hin und sang, und sowohl in Viken wie auf Rödholmen hörten alle sie im Sonnenuntergang singen. Dann wussten alle, dort unten liegt Anna, groß, vergnügt und warm und lässt der Welt ihren Lauf. Und genau das hatte Anna auch beabsichtigt.

Anschließend wanderte sie den Hang hinauf und schaukelte dabei mit dem ganzen Körper und pflückte ab und zu eine Blume. Beim Backen pflegte sie auch zu singen. Sie rollte den Teig aus, schlug ihn, streichelte ihn, formte ihn und warf ihre Hefeküchlein so in den Ofen, dass sie genau richtig auf dem Blech landeten, dann knallte sie die Ofentür zu, strecke sich und rief: »Oh, haaa! Wie heiß es ist!«

Im Sommer liebe ich Anna, und da versuche ich auch nie, sie zu unterdrücken.

Manchmal gingen wir ins Tal der Diamanten. Das Tal der Diamanten ist ein Strand, wo alle Steine rund und kostbar sind und sehr schöne Farben haben. Unter Wasser sind sie schöner, aber wenn man sie mit Margarine einreibt, bleiben sie immer schön. Dorthin gingen wir oft, wenn Papa und Mama in der Stadt arbeiten mussten, und wenn wir genügend viele Diamanten gesammelt hatten, setzten wir uns an den Bach, der vom Berg herunterströmt. Der Bach führte nur im Frühling und im Herbst Wasser. Wir bauten Wasserfälle und Dämme.

»Im Bach gibt es Gold«, sagte Anna. »Schau doch.«

Ich sah kein Gold.

»Man muss es selbst hineinlegen«, erklärte Anna. »Gold in braunem Wasser ist wunderschön. Und es vermehrt sich ganz von selbst. Wird immer mehr und mehr Gold.«

Also ging ich nach Hause und holte alles Gold, das wir hatten, und außerdem noch die Perlen und legte alles in den Bach, und es sah tatsächlich wunderschön aus.

Anna und ich lagen am Bachufer und hörten das Wasser rauschen, und Anna sang »Die Löwenbraut«. Sie stieg ins Wasser, holte Mamas Goldarmband mit den Zehen heraus, ließ es wieder los und lachte. Dann sagte sie: »Ich habe mich schon immer nach echtem Gold gesehnt.«

Am nächsten Tag war alles Gold verschwunden, und die Perlen waren auch weg. Das fand ich seltsam.

»Bei Bächen weiß man nie so genau, woran man ist«, sagte Anna. »Manchmal vermehrt sich das Gold, und manchmal versinkt es direkt in die Erde. Aber wenn man mit keinem Menschen darüber spricht, kann es wieder heraufkommen.«

Dann gingen wir nach Hause, wo Anna Pfannkuchen buk.

Am Abend traf Anna ihren neuen Liebhaber bei der Dorfschaukel. Er war ein Mann der Tat und brachte die Schaukel so kraftvoll in Schwung, dass sie sich einmal um sich selbst drehte, und die Einzige, die es wagte, vier Runden lang sitzen zu bleiben, war Anna.

# DER EISBERG

Der Sommer kam so früh, dass man ihn fast noch als Frühling bezeichnen konnte, daher war er ein Geschenk, und alles, was man tat, erhielt eine neue Bedeutung. Das Wetter war grau und sehr ruhig.

Wir und unser Gepäck waren genau wie immer und Kallebisin und Kallebisins Boot auch, aber die Strände waren nackt und ernst, und das Meer sah streng aus. Und als wir bis zu Nyttisholmen gerudert waren, kam uns der Eisberg entgegen.

Der Eisberg leuchtete weiß und grün, und er kam nur um meinetwillen. Ich hatte bisher noch keinen Eisberg gesehen.

Jetzt kam alles darauf an, ob die anderen etwas sagten. Wenn sie auch nur ein einziges Wort über den Eisberg äußerten, konnte er nicht mehr mir gehören.

Wir näherten uns dem Eisberg immer mehr. Papa ruhte sich auf den Rudern aus, aber Kallebisin ruderte weiter und sagte: »Dieses Jahr ist es früh.« Und Papa sagte: »Ja. Es ist erst vor Kurzem aufgegangen« und ruderte weiter.

Mama sagte nichts.

Auf jeden Fall konnte man nicht behaupten, dass sie ausdrücklich über einen Eisberg gesprochen hätten, also gehörte der Eisberg mir.

Wir ruderten an ihm vorbei, aber ich drehte mich nicht um, um ihn anzuschauen, denn dann hätten die anderen vielleicht doch noch eine Bemerkung machen können. Ich stellte ihn mir nur den ganzen langen Weg nach Bakland entlang vor. Mein Eisberg sah wie eine zerbrochene Krone aus. Auf der einen Seite hatte er eine ovale grüne Höhle, die mit einem Gitter aus Eis zugesperrt war. Unterhalb der Wasseroberfläche hatte das Eis eine andere grüne Farbe, die führte weit in die Tiefe hinunter und wurde dort, wo das Gefährliche anfing, fast schwarz. Ich wusste, dass der Eisberg mir folgen würde, und machte mir überhaupt keine Sorgen. Den ganzen Tag saß ich unten an der Bucht und wartete. Es wurde Abend, aber der Eisberg war noch nicht angekommen. Ich sagte nichts, und niemand fragte mich. Die anderen packten aus.

Als ich ins Bett gegangen war, kam ein Wind auf. Ich lag unter der Bettdecke und war eine Eisjungfrau und hörte den Wind kommen. Es war wichtig, dass ich nicht einschlief, aber ich schlief trotzdem ein, und als ich aufwachte, war das Haus ganz still. Da stand ich auf, zog mich an, nahm Papas Taschenlampe und trat auf die Treppe hinaus.

Die Nacht war hell, aber es war meine erste Nacht allein, und um keine Angst zu bekommen, dachte ich die ganze Zeit an den Eisberg. Die Taschenlampe machte ich nicht an. Die Landschaft war genauso ernst wie zuvor und sah aus wie eine Illustration, deren Grautöne ausnahmsweise mal richtig gedruckt worden waren. Draußen auf dem Meer vollführten die Eisenten einen gewaltigen Spektakel, sie sangen sich gegenseitig Hochzeitslieder vor.

Ich sah den Eisberg schon, bevor ich unten auf der Strandwiese ankam. Er wartete auf mich und leuchtete immer noch so schön, allerdings war das Leuchten jetzt viel schwächer. Er stieß an die Klippen der Landzunge, dort draußen war es tief, zwischen uns lag schwarzes, tiefes Wasser, und der Abstand zwischen uns war ganz und gar falsch. Etwas geringer, und man hätte hinüber-

springen können. Etwas mehr, und man hätte sich sagen können: Wie schade, aber das kann wirklich kein Mensch schaffen.
Jetzt musste ich mich entscheiden. Und das war schrecklich.
Die ovale Höhle mit dem Gitter war landeinwärts gewandt, und
die Höhle war genauso groß wie ich. Sie war wie geschaffen für
ein kleines Mädchen, das die Beine anzog und die Arme darum
schlang. Die Taschenlampe hätte auch noch Platz gehabt. Ich
legte mich der Länge nach auf dem Felsen hin, streckte die eine
Hand aus und brach einen der Eiszapfen am Gitter ab. Der
Zapfen war so kalt, dass er sich heiß anfühlte. Ich hielt das Eis-
gitter mit beiden Händen fest und spürte, wie es schmolz. Der
Eisberg bewegte sich sacht, als würde er atmen, er versuchte zu
mir herüberzukommen.
Allmählich bekam ich kalte Hände und einen kalten Bauch und
setzte mich hin. Die Höhle war genauso groß wie ich, aber ich
traute mich nicht zu springen. Und wer es nicht gleich wagt, der
wagt es nie.
Ich machte die Taschenlampe an und warf sie in die Eishöhle.
Sie fiel auf den Rücken und erleuchtete die ganze Höhle, und
es sah genauso schön aus, wie ich es erwartet hatte. Es sah wie
ein leuchtendes Aquarium in der Nacht aus, es sah aus wie die
Krippe von Bethlehem oder wie der größte Smaragd der Welt!
Es wurde so unerträglich schön, dass ich mich so schnell wie
möglich davon befreien musste, ich musste es wegschicken, irgendetwas unternehmen! Also stemmte ich meine beiden Stiefel
gegen den Eisberg und begann aus Leibeskräften zu schieben.
Der Eisberg bewegte sich nicht.
»Verschwinde!«, schrie ich. »Sieh zu, dass du fortkommst!«
Und da begann mein Eisberg sehr langsam von mir wegzutrei-
ben, bis er vom Landwind erfasst wurde. Ich fror so sehr, dass es
wehtat, und sah, wie der Eisberg vom Wind eingefangen wurde

und auf den Sund zuhielt, er würde mit Papas Taschenlampe an Bord geradewegs ins Meer hinaussegeln, und die Eisenten würden sich die Kehlen wundsingen, wenn so ein erleuchteter Hochzeitspavillon zu ihnen hinausgetrieben käme.

So rettete ich meine Ehre.

Auf der Treppe drehte ich mich um. Mein Eisberg leuchtete wie ein grüner Leuchtturm, und die Batterien würden bis zum Sonnenaufgang reichen. Wenn wir in die Schären hinausziehen, hat die Taschenlampe immer neue Batterien. Vielleicht würden sie noch für eine ganze weitere Nacht reichen, vielleicht würde die Taschenlampe unten auf dem Meeresgrund vor sich hinleuchten, wenn der Eisberg geschmolzen und zu Wasser geworden wäre.

Ich kroch ins Bett, zog mir die Decke über den Kopf und wartete darauf, dass die Wärme käme. Sie kam. Nach und nach breitete sie sich bis zu den Füßen hinunter aus.

Aber dennoch, ich war feige gewesen, meine Feigheit war ungefähr fünf Zentimeter breit gewesen. Ich fühlte es im Bauch. Manchmal glaube ich, dass alle starken Gefühle im Bauch beginnen. Wenigstens bei mir.

# DIE MEERESBUCHTEN

Das Haus ist grau, der Himmel und das Meer sind ebenfalls grau, und die Wiese ist grau von Tau. Es ist vier Uhr früh, und ich habe drei wichtige Stunden gerettet, die man als geschenkt betrachten kann. Oder vielleicht dreieinhalb.
Ich kann schon die Uhr, nur die Minuten nicht.
Ich bin ebenfalls hellgrau, allerdings nur innerlich, ich bin nämlich ganz unbestimmt und fließe wie eine Qualle, ohne etwas zu denken, ich fühle nur. Weit und breit würde man kein kleines Mädchen finden, selbst dann nicht, wenn man hundert Meilen übers Meer segelte oder in sämtlichen Richtungen hundert Meilen durch die Welt wanderte. Kleine Mädchen gibt es nicht, ich habe mich erkundigt. Tausend Jahre lang könnte man auf sie warten, und trotzdem gibt es sie nicht. Am ehesten wäre da Fanny. Fanny ist siebzig und sammelt Steine und Schnecken und tote Tiere und singt jedes Mal, bevor es regnet. Fanny ist graugelb, sie hat die gleiche Farbe wie der Erdboden, Gesicht, Kleid, Hände, alles ist graugelb und runzlig, ihre Haare aber sind weiß, und ihre weißblauen Augen schauen an einem vorbei.
Fanny ist die Einzige, die keine Angst vor Pferden hat. Sie schreit und zeigt ihnen den Hintern, Fanny macht, was sie will. Wenn man sie bittet, das Geschirr abzuwaschen, und dabei den falschen Tonfall anschlägt, verzieht sie sich in den Wald und bleibt viele Tage und Nächte lang dort und singt den Regen herbei.
Fanny ist nie allein.

Es gibt fünf Meeresbuchten, die alle unbewohnt sind. Wenn man die erste umrundet hat, muss man mit den anderen weitermachen. Die erste hat einen breiten weißen Sandstrand und eine Höhle mit Sandboden. Die Wände der Höhle sind immer nass, und in der Decke hat sie einen Spalt. Die Höhle ist länger als ich, wenn ich mich auf den Rücken lege, und heute ist sie eiskalt. Ganz hinten mündet sie in ein schmales schwarzes Loch.

Mein geheimer Freund kroch aus dem Loch hervor. Ich sagte: »Was für ein schöner erquickender Morgen.«

Und er antwortete: »Es ist kein gewöhnlicher Morgen, hinterm Horizont habe ich es murmeln hören!«

Er saß hinter mir, und ich wusste, dass er seine Haut gewechselt hatte und nicht wollte, dass man hinschaute. Daher sagte ich nur möglichst gleichgültig: »Am Freitag hat es auch gemurmelt. Hast du Fanny gesehen?«

»Vor Anbruch der Dämmerung saß sie in einem Vogelbeerbaum«, antwortete er.

Aber ich wusste, dass Fanny nicht besonders gern in Bäume kletterte und dass er mich nur beeindrucken wollte. Also sagte ich nichts und ließ ihn reden. Es war nett, Gesellschaft zu haben. Als er merkte, dass ich keine Lust hatte, mich zu unterhalten, begann er mir etwas vorzuspielen. In der Höhle war es eiskalt, und ich beschloss, gleich zu gehen, wenn er aufgehört hätte zu spielen. Nach dem letzten Vers sagte ich daher: »Wirklich ein angenehmer Besuch. Aber nun muss ich leider aufbrechen. Wie geht es zu Hause?«

»Danke bestens, immer gut«, antwortete er. »Meine Frau ist mit Fünflingen niedergekommen. Lauter Mädchen.«

Ich gratulierte ihm und ging weiter.

Wenn die Sonne in der ersten Bucht aufgeht, liegt das Wasser unterhalb des Waldes im Schatten, aber die Felsblöcke weiter draußen am Sund sind rot. Der Tang leuchtet nur abends. Man geht und geht und geht, und eine morgendliche Brise kommt auf. Die zweite Bucht ist voller Schilf, und wenn der Wind hindurchstreicht, rasselt und raschelt es, saust, flüstert und singt es sachte und sehr weich, und dann geht man geradewegs ins Schilf hinein und wird aus allen Richtungen gestreichelt, man geht und geht und denkt an gar nichts. Das Schilf ist ein Dschungel, der sich bis ans Ende der Welt erstreckt. Auf der ganzen Welt gibt es nur noch flüsterndes Schilf, und alle Menschen sind gestorben, und ich bin die Einzige, die noch da ist, und ich gehe und gehe immer weiter durchs Schilf.

Ich gehe so lange, bis ich lang und dünn werde wie ein Schilfhalm und meine Haare sich in einen weichen Wedel verwandeln, und schließlich schlage ich Wurzeln und beginne zu rascheln und zu rasseln und zu sausen wie alle meine Schwestern, und die Zeit nimmt kein Ende.

Doch ganz hinten in der Bucht saß ein großer Lotse und sagte: »Oho, oho! Ich glaube, der Wind dreht nach Westen.« Der Lotse hatte Kjellgrens roten Schnurrbart und Sjöbloms blaue Augen und Lotsenuniform. Jetzt hatte er mich endlich bemerkt.

Ich zitterte vor Freude und antwortete: »Neun Beaufort, würde ich meinen, wenn nicht mehr. Wie wär's mit einem Klaren?«

»Nun ja, gute Ware darf man nicht verkommen lassen«, antwortete er und reichte mir sein Glas.

Ich füllte es fünfmal hintereinander.

»Und was macht der Salm deiner Meinung nach?«, fuhr er dann fort.

»Er steigt«, sagte ich. »Wenn der Wind so bleibt …«

Der Lotse nickte nachdenklich und anerkennend. »Ja, ja«, sagte er. »Ja, ja. Das kann schon sein …«

Wir tranken sechs Liter Schwarzgebrannten und zwei Eimer

Mittsommerkaffee. Danach sagte ich: »Mit der Lotserei ist zurzeit wohl nicht allzu viel los?«

»Das kann man wohl sagen, das kann man wohl sagen«, antwortete er.

Danach konnte ich ihn nicht mehr festhalten.

Es ist immer traurig, wenn sie beginnen, sich in Nebel aufzulösen. Man macht lauter richtige Bemerkungen, aber sie verschwinden trotzdem. Da hört man lieber gleich auf, sonst wird alles nur albern, und man fühlt sich einsam.

Jetzt kommt die dritte Bucht.

Dort in der dritten Bucht haben Papa und ich unsere ersten Kanister gefunden. Das war ein großer Tag, den keiner von uns vergessen wird, solange wir leben.

Papa sah sofort, was es war. Er erstarrte am ganzen Leib, und sein Hals wurde lang. Er ging auf die Steine hinaus und begann, den Fund einzuholen. Es war ein alter, vermoderter Sack, aber im Inneren des Sackes klang es wie nach einem Kanister, und Papa sagte: »Hast du das gehört? Hast du diesen Ton gehört?«

Es waren vier Kanister mit je zehn Litern Sechsundneunziger, o Papa, Papa! Und ausgerechnet da kamen die Hörbergs um die Landzunge angerudert. Wir legten uns eng nebeneinander platt hinter die Steine. Ich hielt Papa an der Hand. Hörbergs holten ihre Angelleine ein und merkten nichts. Papa und ich bewachten sie, bis die Gefahr vorüber war, und dann versteckten wir die Kanister im Tang.

In der dritten Bucht bleibe ich jedes Mal lange still sitzen, um eine Gedenkminute für die Begegnung zwischen Papa und mir und unserem großen Geheimnis einzulegen.

Die Sonne ist höher gestiegen, und die Gegend ringsum beginnt ihr normales Aussehen anzunehmen. Es wird schwieriger werden, jetzt noch jemanden zu finden, der einem Gesellschaft leistet; meine Freunde existieren nur früh am Morgen und in der Dämmerung. Aber das macht nichts. Ich kann die Augen schließen und rückwärts denken.

Ich denke daran, wie Papa und ich mit der Sturmlaterne durch den Wald gingen, um die Pilzkörbe nach Hause zu holen.

Tagsüber hatte die Familie gepflückt. Papa führte uns in die richtigen Senken, an seine Plätze, wo die Pilzkolonien wuchsen. Er selbst pflückte nicht, er zündete seine Pfeife an und machte eine Geste, die so viel heißen sollte wie: »Bitte sehr, Familie. Versorgt euch.«

Wir pflückten und pflückten. Nicht aufs Geratewohl natürlich. Die Pilze waren wichtig, sie bedeuteten unzählige Mittagessen im Laufe des Winters. Sie waren fast so wichtig wie die Fische. Unter jedem Pilz befinden sich geheimnisvolle Myzelien, und ein Pilzplatz muss für alle Ewigkeit und für kommende Generationen bewahrt werden, es ist eine selbstverständliche Bürgerpflicht, im Sommer Nahrung für die Familie zu sammeln und dabei auf die Natur Rücksicht zu nehmen.

Nachts war alles anders. Nachts trugen Papa und ich die Körbe heim, die wir tagsüber nicht geschafft hatten. Dazu musste es dunkel sein. An Petroleum wurde nicht gespart, wir verbrauchten Unmengen. Und jedes Mal fand Papa die richtige Stelle. Manchmal pfiff der Wind, und die Zweige rieben sich mit unheimlichem Knirschen aneinander. Papa fand immer wieder hin. Plötzlich standen die Pilzkörbe vor uns, und Papa sagte: »Hol mich doch dieser und jener, da stehen sie.«

Die schönsten Pilze lagen immer zuoberst. Papa ordnete sie nach Farbe und Form, sie waren seine Blumensträuße. Mit den Fischen verfuhr er genauso.

Einmal stellte Papa seinen Pilzkorb draußen vor dem Haus ab und ging hinein, um die Familie zu holen. Währenddessen fraß

Rosa alles auf. Sie wusste, dass sie Papa vertrauen konnte und dass kein einziger giftiger Pilz in dem Korb war.

Inzwischen hat es tüchtig aufgefrischt. Die vierte Bucht liegt weit weg. Ich muss einen Wald durchqueren, der von John Bauer gezeichnet ist. John Bauer war einer der wenigen, die wirklich einen Wald malen konnten, seit seinem Tod hat niemand mehr es gewagt. Und diejenigen, die es trotzdem wagen, werden von Mama und mir verachtet.

Damit ein Wald groß genug wird, lässt man die Baumwipfel und den Himmel weg. Nichts als gerade, sehr dicke Stämme, die senkrecht aufsteigen. Der Boden besteht aus weichen Hügeln, die sich immer weiter in der Ferne verlieren und immer kleiner werden, bis der Wald endlos wirkt. In diesem Wald gibt es zwar Steine, doch die sieht man nicht. Seit tausend Jahren ist das Moos über sie gewachsen, und niemand hat es dabei gestört. Wenn man nur ein einziges Mal in das Moos tritt, entsteht ein tiefes Loch, das eine ganze Woche braucht, um sich wieder aufzurichten. Tritt man noch einmal hinein, hat man ein Loch für die Ewigkeit gemacht. Und wenn man zum dritten Mal ins Moos tritt, ist es tot.

In einem richtig gemalten Wald hat alles ungefähr dieselbe Farbe – das Moos, die Stämme und die Äste der Tannen, alles ist in einen milden, ernsten Ton zwischen Grau, Braun und Grün getaucht, allerdings nur sehr wenig Grün. Wenn man will, kann man zum Beispiel eine Prinzessin hineinsetzen. Die Prinzessin muss immer weiß und sehr klein sein und lange gelbe Haare haben. Sie kommt in die Mitte oder in den Goldenen Schnitt. Als John Bauer starb, kamen die Prinzessinnen in Mode und wurden bunt. Sie sahen wie ganz normale Kinder aus, die sich verkleidet hatten.

Dies ist die vierte Bucht, die Große Aasbucht, wo das Schwein an Land trieb. Das Schwein war riesig und roch fürchterlich. Manchmal glaube ich, dass es eine schreckliche blaurote Farbe hatte und dass es die Augen bewegte, während es an die Steine schlug, aber ich bin mir nicht ganz sicher, und ich wage auch nicht darüber nachzudenken.

In der Großen Aasbucht begegnet man niemandem, hier kann man sich auch an nichts erinnern. Die Große Aasbucht ist ein Ort, wo schaurige Bilder vom Meer hereinkommen.

Als Erstes kommen die Vögel. Wie eine Wolkenbank sieht man sie am Horizont. Die Wolkenbank steigt. Sie besteht aus großen grauen Vögeln, sie sind zehn Meter groß und bewegen ihre Flügel mit unheimlicher Langsamkeit. Ihre Flügcl sehen wie ausgefranste Palmwedel aus, sie sind struppig und vom Wind zerfetzt, tausend riesige Vögel streichen über den Himmel und werfen ihre Schatten auf die Erde. Keiner von ihnen sagt ein Wort.

Und dann:

Wenn einmal ein Morgen käme, an dem die Sonne nicht aufginge. Wenn wir dann wie üblich aufwachten und Papa auf die Uhr schaute und sagte: »Jetzt geht sie schon wieder falsch. Alle Uhren soll doch der Henker holen.« Papa würde versuchen, am Radio herumzudrehen, aber da kämen nur Heultöne heraus. Dann würden wir hinausgehen, um festzustellen, ob mit der Erdantenne etwas passiert sei. Die wäre aber wie immer. Die andere Antenne säße auch wie immer in der Birke. Es wäre acht Uhr, aber immer noch ganz dunkel. Da wir hellwach wären, würden wir trotzdem schon mal Kaffee trinken. Fanny würde auf dem Zaun sitzen und das große Regenlied singen.

Es würde neun, zehn, elf und zwölf werden, aber die Sonne würde nicht aufgehen, es wäre immer nur dunkel. Dann würde Papa sagen: »Hol mich doch dieser und jener, aber irgendetwas stimmt da nicht«, und dann würde er zu Kallebisin gehen und sich mit ihm unterhalten. Kallebisin würde die aufgehängten Netze hereinholen und sagen: »Da braut sich was zusammen. So was hat's seit Menschengedenken nicht gegeben.«

Es wäre ganz still wie bei der Sonnenfinsternis. Und kalt. Mama würde Holz hereinholen und im Herd Feuer machen. Es würde eins, zwei, drei und vier werden. Es würde fünfundsiebzig Minuten nach sechs werden. Dann würde Mama sagen: »Wir haben zwei Schachteln Kerzen und drei Liter Petroleum, aber dann weiß ich nicht, was aus uns werden soll.«

Und gerade da würde hinterm Horizont ein Murmeln aufsteigen.

Das war eine gute Geschichte. – Noch eine.

Eines Abends kurz vor der Dämmerung hörten wir ein schwaches, gurgelndes Geräusch. Als wir hinausgingen und nachschauten, hatte sich das Meer fünf Meter zurückgezogen, und alle Strände waren grün und voller Schleim. Die Boote erwürgten sich selbst mit ihren Fangleinen. Die Barsche hüpften wie verrückt in den Fischkästen. Alle leeren Flaschen und Konservendosen krochen aus dem Meer und schämten sich. Das Meer sank immer weiter. Als das Meer draußen am Hällstein in die Dorschgrube sickerte, blubberte es. Das Wasser kroch immer weiter hinaus, immer weiter hinunter, und legte Hunderte von alten Skeletten und tote Schweine und andere unaussprechliche Dinge frei.

Unaussprechliche Dinge. Schlimmer geht's nicht mehr. Plötzlich wurde mir das Ganze zu dumm.

Man kann von einem Stein zum andern hüpfen. Das heißt, man muss sehr rasch rennen und darf jeden Stein nur eine einzige Sekunde lang berühren. Man darf nie den Sand oder den Tang betreten, nur die Steine, immer schneller und schneller. Schließlich wird man zu Wind, man ist der Wind, und es pfeift um die

Ohren, und alles ist ausgelöscht und verschwunden, es gibt nur noch den Wind und das Springen. Ich springe nie daneben, ich bin sicher und stark, und jetzt mache ich einen Sprung in die letzte Meeresbucht, die ist klein und schön und gehört nur mir. Hier steht der Kletterbaum mit Zweigen bis nach oben wie eine Jakobsleiter, und oben im Wipfel schaukelt die ganze Kiefer, denn jetzt kommt der Wind aus Südwest. Die Sonne hat inzwischen den Stand vom Frühstückskaffee erreicht.

Wenn tausend kleine Mädchen unter dem Baum angewandert kämen, würde keine Einzige von ihnen ahnen, dass ich hier oben sitze. Die Zapfen sind grün und sehr hart. Meine Füße sind braun. Und der Wind bläst mir ins Haar.

# DAS SEERECHT

Wenn das Wasser steigt, gibt es Sturm. Auch wenn es sehr hastig und kräftig sinkt, kann es Sturm geben. Ein Kreis um die Sonne kann gefährlich sein. Und ein Sonnenuntergang in rauchigen, dunkelroten Farben verheißt nichts Gutes. Es gibt noch viel mehr, aber das ist mir im Augenblick egal. Mal ist es das eine, dann das andere.

Schließlich wurde es Papa zu dumm, sich dauernd Sorgen zu machen. Er segelte einfach los. Er hisste das Sprietsegel und sagte: »Denkt daran, in einem Boot darf man keinen einzigen unnötigen Gegenstand dabeihaben.«

Wir saßen ganz still. Wir durften nicht lesen, das hieße, das Boot verachten. Nichts durfte hinterherschleifen, weder Taue noch Rindenschiffchen, denn die könnten dann die Lotsen sehen. Wir machten einen Bogen ums Riff, aber nicht zu eng, das wäre herausfordernd, und nicht zu groß, das würde vorsichtig wirken, und das könnten die Lotsen dann sehen. Dann waren wir unterwegs.

Es gibt viele Sachen, die beachtet werden müssen. Man kann die Füße in die Fangleine verwickeln und über Bord gehen. Man kann beim Anlandgehen ausrutschen und den Kopf anschlagen und ertrinken. Man kann das Boot zu nah an der Küste halten und in den Sog geraten. Man kann das Boot zu weit hinaussteuern und im Nebel nach Estland treiben. Schließlich kann man das Boot auf Grund setzen, und dann ist das Kind wirklich in den Brunnen gefallen, ojemine. Aber obwohl er die ganze Zeit an alles denken muss, was schiefgehen kann, liebt Papa große Wellen, insbesondere solche, die aus Südwesten kommen und lang werden.

Alles wird genauso, wie er es vorhergesagt hat, schon bald kommt ein Wind auf, der stetig zunimmt. Also braucht Papa sich jetzt keine Sorgen mehr zu machen, sondern kann sich in aller Ruhe daran freuen.

O weh, o weh, du grausame See, nie wieder werden wir unsere Heimat sehn. Auf Tunnholmen schlagen wir unser Lager unterm Sprietsegel auf, und der Wind wird immer heftiger.

Hermansons und Sjöbergs kamen etwas später. Sie haben keine Kinder. Sie spannten ihre Segel für die Nacht neben unserem Sprietsegel auf. Dann war der Wind so stark, dass es kein Entkommen mehr gab. Alle Damen rannten durcheinander und organisierten, und alle Herren rollten große Steine umher und brüllten sich etwas zu und zogen die Boote weiter hinauf an Land. Als es Abend wurde, hüllte Mama mich in eine Decke. Unter dem Segel konnte man ein Dreieck aus Heidekraut, Brandung und Himmel sehen, das größer oder kleiner wurde, je nachdem wie das Segel im Wind klatschte. Die ganze Nacht gingen die Herren unten am Strand auf und ab und kontrollierten, dass alles so war, wie es sein sollte. Sie zogen an den Booten, prüften den Wasserstand und begaben sich auf die Landzunge hinaus, um die Windstärke zu schätzen. Ab und zu kam Papa herein und sah nach, ob wir noch da waren, und steckte sich ein paar Scheiben Knäckebrot in die Tasche. Er sah mich an und wusste, dass mir der Sturm genauso gut gefiel wie ihm.

Am nächsten Morgen fanden wir auf der anderen Seite der Insel das Motorboot. Es lag verlassen da und schlug gegen die Steine, zwei Borde waren gesprungen, und es war zur Hälfte voller

Wasser. Und Ruder hatten sie auch keine dabeigehabt. Sie hatten nicht einmal versucht, das Boot unter Einsatz ihres Lebens zu retten.

»Auf einen Motor ist kein Verlass, das habe ich schon immer gesagt. Der kriegt nur Stopp. Und wenn man sich schon auf die See hinausbegibt, sollte man wenigstens vorher ein wenig darüber lernen. Die haben in ihrem Leben noch kein Sprietsegel gesehen, und dann gehen sie hin und kaufen sich Motorboote und lassen sie am Strand verrotten, ohne sie zu teeren, dass es eine wahre Schande ist.«

Wir blieben eine Zeit lang stehen und schauten das Boot an, und dann gingen wir geradeaus landeinwärts und schauten im Weidengestrüpp hinter den Strandfelsen nach, und da lag die ganze Herrlichkeit, wie ein Teppich aus Silber breiteten sich Zehnlitertanks unter den Büschen aus, so weit das Auge reichte, den Kognak hatten sie weiter oben unter ein paar Tannen versteckt.

»Nein«, sagte Papa. »Nein! Das ist einfach nicht möglich.«

Alle Herren begannen zu rennen, und alle Damen kamen hinterher, und als Letzte kamen Mama und ich. Auf der Leeseite standen Papa und Hermanson und redeten mit drei nassen Männern, die unsere belegten Brote aufaßen. Die Damen und Sjöberg standen etwas abseits. Dann kam Papa zu uns her und sagte: »Also, jetzt machen wir Folgendes: Hermanson und ich, wir segeln sie zurück, sie sind nämlich schon seit drei Tagen ohne etwas zu essen im Meer getrieben und können sich nicht mehr auf den Beinen halten. Und wenn alles gut geht, bekommt jede Familie vier Flaschen und drei Kanister. Sjöberg kann aus prinzipiellen Gründen nicht mitsegeln, er ist ja beim Zoll.«

Wir saßen in einer Reihe und sahen zu, wie sie davonsegelten. Manchmal sah man nur ein Zipfelchen vom Segel und manchmal gar nichts.

Frau Sjöberg sah Herrn Sjöberg an und sagte: »Überleg jetzt, was du tust.«

»Ich überlege ja schon die ganze Zeit«, sagte er. »Glaubst du, das hier fällt mir leicht. Und jetzt habe ich fertig überlegt. Ich lass es auf sich beruhen, aber ich nehme keinen Kanister und auch keine Flasche. Übrigens habe ich Urlaub, und ich habe sie nicht zurückgesegelt. Und sie haben meine Brote aufgegessen. Jansson wird bestimmt verstehen, was ich meine.«

Als Papa und Hermanson zurückkamen, waren sie durchnässt und aufgekratzt und begaben sich sofort an Land, um die Kanister zu holen. Sie nahmen sich nur je einen, und Sjöberg nahm sich gar keinen, aus Loyalität mit der Küstenwache.

»Aber sie haben uns doch vier versprochen«, sagte Frau Hermanson. »Und drei Kognak.«

»Das war, solange sie Angst hatten«, sagte Papa. »Nachdem wir sie an Land gebracht hatten, überlegten sie es sich anders und sagten, ein Kanister pro Familie.«

»Das macht drei«, sagte Frau Hermanson. »Den von Sjöbergs können wir uns ja teilen.«

»Das wäre nicht recht«, sagte Papa. »Hier geht es ums Prinzip. Und außerdem hat sich die Fahrt an sich schon gelohnt. Frauen begreifen so etwas nicht.«

Wir versteckten die Kanister im Tang.

Gegen Abend flaute der Südwest ab, und wir segelten nach Hause, jeder in seine Richtung. Die Kanister lagen im Fischkasten. Wir sagten nichts, wir hielten den Mund.

Es gibt Leute, die verkaufen doch tatsächlich Kanister, die sie gefunden haben, zu überhöhten Preisen. Die haben kein Gefühl für guten Stil. Ab und zu kann es auch vorkommen, dass einer mit den Kanistern zur Küstenwache rudert. Auf Pernö ist das einmal passiert.

Einen Kanister kaufen, das hieße, den Staat betrügen, und ist außerdem zu teuer, das tut man nicht. Das einzig Wahre ist, einen Kanister zu finden, am allerbesten ist es, ihn unter Lebensgefahr zu retten. So ein Kanister bringt nur Freude und stört keine Prinzipien.

Aber ein gestrandetes oder treibendes Boot, das ist etwas ganz anderes. Ein Boot ist eine ernste Angelegenheit. Da muss man suchen und suchen, bis man den Besitzer findet, selbst wenn es viele Jahre dauert, bis man ihn gefunden hat. Mit abgetriebenen Netzen verhält es sich ebenso. Die müssen wieder zu ihrem Besitzer zurück. Alles andere darf man behalten, Balken, Bretter, Netzschwimmer und Bojen.

Aber das Allerschlimmste ist, wenn einer bereits geborgenes Strandgut an sich nimmt. Das ist einfach unverzeihlich. Wenn das Strandgut um einen Stein gehäuft ist oder in einem deutlichen Haufen mit zwei Steinen darauf gesammelt ist, dann ist es gesichert. Man kann es mit zwei Steinen sichern, aber besser noch mit dreien. Auf einen einzigen Stein ist kein Verlass, der kann durch Zufall dorthingekommen sein. Es gibt gewisse Leute, die nehmen die Haufen, die anderen gehören, oder noch schlimmer, die nehmen das Beste aus jedem Haufen. Da kennen wir uns aus! Wenn man einmal ein Brett geborgen hat, erkennt man es hinterher auch wieder. Und oft weiß man ganz genau, wer da am Werk gewesen ist. Aber man sagt nichts, das ist nicht die feine Art, und schließlich hat niemand einen dazu gezwungen, den Fund nur mit Steinen zu sichern, anstatt ihn gleich in zwei Fuhren nach Hause zu rudern.

Es ist eine sehr heikle Frage, was Recht und was Unrecht ist. Darüber gäbe es viel zu sagen. Wenn zum Beispiel ein Boot angetrieben käme, in dem ein Schrank läge, und der Schrank wäre voller Kanister, dann ist es ja ziemlich klar, dass man den

Besitzer des Bootes aufsuchen und den Schrank selbst behalten würde, wenn er anständig aussähe. Aber wie viele Kanister dürfte man an sich nehmen? Es bestehen große Unterschiede zwischen einem Kanister in einem Boot, in einem Gebüsch, im Wasser oder in einem Schrank, der in einem Boot liegt.

Einmal fand ich ein Rindenschiff, das hieß Darling. Es war sehr schön gemacht mit Laderaum, Ruder, Ruderhaus und echten Stoffsegeln. Aber Papa sagte, ich müsse nicht nach dem Besitzer suchen.

Es kann sein, dass nichts besonders wichtig ist, wenn es nur klein genug ist. Das glaube ich.

# ALBERT

Albert ist ein Jahr älter als ich, wenn man sechs Tage abrechnet. Sechs Tage lang sind wir gleich alt.

Er saß in der Bootsbucht und spießte für seinen Vater Köderfische auf die Haken der langen Angelleine.

»Du musst sie vorher totmachen«, sagte ich. »Wenn du sie bei lebendigem Leib aufspießt, dann ist das grausam.« Albert hob die eine Schulter leicht an, und ich wusste, dass das eine Art Entschuldigung und Erklärung sein sollte: Der Fisch beißt besser an, wenn der Köder lebt. Albert hatte einen ausgeblichenen Kittel an und eine schwarze Schildmütze, die seine Ohren nach außen bog.

»Wie würdest du das finden, wenn du einen Haken in den Rücken bekämst«, sagte ich. »Wenn du einfach so dahängen würdest? Dann würdest du ganz schön schreien und versuchen loszukommen, bevor du aufgefressen wirst, was!«

»Die schreien nicht«, sagte Albert. »Das macht man schon immer so.«

»Du bist grausam!«, schrie ich, »du machst abscheuliche Sachen! Ich will nicht mehr mit dir reden!«

Er blickte unter seiner Schildmütze hoch, sah mich betrübt an und sagte: »Na, na.« Dann machte er weiter.

Ich ging davon. Beim Netzschuppen drehte ich mich um und schrie: »Ich bin genauso alt wie du, ichbingenausoaltwiedu!«

»Wird schon so sein«, sagte Albert.

Ich begab mich zum Floß hinüber und hämmerte daran herum, doch das machte keinen Spaß. Drei Nägel wurden krumm, und ich brachte sie nicht mehr aus dem Holz heraus.

Ich ging wieder zum Strand hinüber und sagte: »Fische leiden genauso wie Menschen.«

»Das glaube ich nicht«, sagte Albert. »Fische sind niedere Lebewesen.«

Ich sagte: »Das kann man nicht wissen! Stell dir vor, wenn die Bäume auch leiden! Man sägt sie ab, und sie schreien, aber niemand kann sie hören. Die Blumen schreien auch, wenn man sie pflückt, aber nicht so laut.«

»Schon möglich«, sagte Albert. Er sagte es freundlich, aber doch auch ein wenig herablassend, was mich aufs Neue erzürnte.

Es war ein schlechter Tag. Die Luft war diesig, heiß und klebrig.

Ich begab mich hinauf aufs Dach, um besserer Laune zu werden, und blieb sehr lange dort sitzen. Ich sah Albert und Kallebisin mit der Angelleine hinausrudern. Am Horizont lag eine schmutziggraue Wolkenbank, sie reichte von Tunnholmen bis nach Bisaball, und das Meer war ganz blank.

Dann kehrten sie zurück und zogen das Boot an Land.

Nach einer Weile hörte ich Albert am Floß hämmern. Ich kletterte die Leiter hinunter und ging hin, um zuzuschauen.

»Du hämmerst gut«, sagte ich.

Da hämmerte er noch kräftiger, sodass jeder Nagel mit fünf Schlägen hineinfuhr. Allmählich wurde mir besser zumute. Ich setzte mich ins Gras, sah zu und zählte mit lauter Stimme die Hammerschläge. Ein Nagel ging mit vier Schlägen hinein. Da mussten wir beide lachen.

»Wir bringen es gleich ins Wasser«, sagte ich. »Jetzt sofort.«

Wir schleppten zwei Bretter herbei, legten einen runden Balken quer darüber und hievten das Floß auf den Balken hinauf. Das

Floß war schwer und knackte und bog sich, aber wir brachten es hinauf. Dann brauchten wir es nur noch in die Bucht hinunterzurollen. Es lag gut im Wasser. Albert holte die Ruder, wir wateten hinaus und sprangen auf. Das Floß sank ganz leicht unter die Wasseroberfläche, aber nicht viel. Wir sahen uns an und lachten.

Das Paddeln ging langsam, aber es ging. Hier draußen war es tief, aber das machte nichts, wir konnten nämlich schon beinahe schwimmen. Allmählich kamen wir in den Sund beim Hällstein hinaus.

»Lass uns nach Sandskär fahren«, sagte ich.

»Ich weiß nicht so recht«, entgegnete Albert. »Wir kriegen Nebel.«

Aber ich paddelte weiter, und so kamen wir sehr langsam nach Sandskär. Wir stakten uns am Ufer entlang und an der Inselspitze vorbei. Vor uns lag das unverändert blanke Meer, die Wolkenbank war gestiegen und erstreckte sich bis nach Äggskär. Albert zeigte hinüber und sagte: »Das da ist Nebel. Jetzt fahren wir heim.«

»Hast du etwa Angst vor so einem bisschen Nebel?«, sagte ich. »Lass uns noch ein kleines Stück fahren, dann kehren wir um.«

»Ich weiß nicht so recht«, sagte Albert.

Aber ich sagte: »Du hast Angst!«, und da paddelte er weiter, und das Floß fuhr weiter aufs Meer hinaus. Es war, als würde man über einen schwarzen Spiegel gleiten, als würde man auf dem Meer stehen, man fühlte die schwache Dünung im ganzen Körper und bewegte sich mit ihr. Die Dünung kam aus Südosten und trieb weiter nach Äggskär.

»Jetzt kehren wir um«, sagte Albert. »Jetzt kommt nämlich der Nebel.«

Plötzlich wurde es kalt, und dann war der Nebel da, er kam

dicht an uns heran und schloss uns aus allen Richtungen ein. Die blanke Dünung rollte aus dem Nebel heraus, kroch glucksend unters Floß und rollte auf der anderen Seite wieder heraus. Ich fror und wartete darauf, dass Albert sagen würde: »Bitte, was habe ich gesagt?« oder »Ich hab's dir doch *gesagt* ...«, aber er schwieg nur und paddelte und machte ein sorgenvolles Gesicht. Er drehte den Kopf hin und her, horchte, musterte die Dünung und hielt mehr landeinwärts. Nach einer Weile hielt er statt dessen mehr landauswärts. Jetzt begannen die Dünungen aus allen Richtungen gleichzeitig heranzurollen. Albert hörte auf zu paddeln und sagte: »Es ist besser, wenn wir abwarten, bis er sich wieder lichtet.«

Ich fürchtete mich ein wenig und sagte gar nichts.

»Wenn Rosa muhen würde, dann wüssten wir, in welcher Richtung es ist«, sagte Albert.

Wir horchten in den Nebel, aber Rosa muhte nicht, alles war stumm und leer wie am Ende der Welt und schrecklich kalt.

»Da treibt etwas«, sagte Albert.

Das Etwas war grauweiß und struppig, es bewegte sich sehr langsam im Kreis und wurde von der Dünung nähergetragen.

»Das ist eine Möwe!«, sagte Albert. Er holte den Vogel mit dem Ruder heran und hob ihn aufs Floß. Der Vogel sah sehr groß aus auf dem Floß und rutschte weiterhin im Kreis herum.

»Er ist krank«, sagte ich. »Er hat Schmerzen!«

Albert packte die Möwe am Nacken, um nachzuschauen, da begann sie zu kreischen und mit dem einen Flügel zu schlagen.

»Lass sie los!«, rief ich. Alles sah so unheimlich aus, der Nebel, das schwarze Wasser und der Vogel, der herumkroch und schrie, ich war außer mir und sagte: »Gib ihn mir, ich will ihn in den Arm nehmen, wir müssen ihn gesund machen!«

Ich setzte mich aufs Floß, und Albert legte mir den Vogel in die Arme und sagte: »Der wird nicht gesund. Wir müssen ihn töten.«

»Du kannst immer nur töten«, sagte ich. »Schau doch, wie er sich an mich schmiegt, er ist einsam und unglücklich.«

Aber Albert sagte: »Er hat Würmer« und hob den einen Flügel hoch und zeigte mir, wie es dort kroch. Ich schrie und warf den Vogel von mir. Dann begann ich zu weinen und blieb im Wasser auf dem Floß sitzen und sah, wie Albert die Möwe sehr vorsichtig in die Hände nahm und den Flügel untersuchte. »Da kann man nichts mehr machen«, erklärte er. »Das fault schon. Den muss man einfach töten.«

»Lass ihn doch lieber davontreiben«, flüsterte ich. »Vielleicht wird er trotzdem wieder gesund.«

»Warum soll man ihn leiden lassen«, sagte Albert. Er zog sein Fahrtenmesser heraus, hielt den Vogel am Kopf fest und drückte ihn aufs Floß. Ich hörte auf zu weinen und sah zu, wegschauen konnte ich nicht. Albert bewegte sich auf die Seite, sodass er zwischen der Möwe und mir zu stehen kam. Dann schnitt er ihr den Hals ab und ließ den Kopf und den Körper ins Wasser hinuntergleiten. Als er sich umdrehte, war er ganz weiß im Gesicht. »Da ist Blut«, flüsterte ich und begann zu zittern. Da spülte er das Blut weg.

»Du darfst dir nichts daraus machen«, sagte er. »Weißt du, so war es doch am besten, so brauchte er keine Schmerzen mehr zu haben.«

Albert sprach so lieb, dass ich wieder zu weinen begann, doch diesmal tat es gut, zu weinen. Alles war vorbei, und alles war gut.

Albert würde immer alles in Ordnung bringen. Was auch geschah und was man auch anstellte, Albert brachte immer alles wieder in Ordnung.

Er stand da und sah mich bekümmert und verständnislos an. »Sei nicht mehr böse«, sagte er. »Sieh mal, der Nebel lichtet sich, und der Wind hat gedreht.«

# HOCHWASSER

In einem Sommer stand der Bootsschuppen leer, da Kallebisin dauernd beim Fischen war. Mama saß jeden Tag auf der Veranda und illustrierte und schickte die Illustrationen mit dem Heringsboot nach Borgå. Ab und zu sprang sie ins Wasser, und dann zeichnete sie wieder.

Papa sah sie an, und dann ging er zum Bootsschuppen und schaute hinein, und schließlich fuhr er in die Stadt und holte den Modellierbock, die Tonkiste, die Eisengerüste und sämtliche Modellierstäbchen. Er machte den Bootsschuppen zum Atelier, und alle waren sehr interessiert und wollten ihm dabei helfen. Sie versuchten Kallebisins Werkzeug wegzuräumen und wollten den Boden fegen, doch das durften sie nicht.

Papa wurde wütend, und da begriffen sie, dass der Bootsschuppen heilig geworden war und in keiner Weise berührt werden durfte. Niemand ging mehr auf die Strandwiese hinunter, und die Boote mussten am Heringssteg liegen.

Es war ein sehr heißer Sommer ohne eine Andeutung von Wind. Mama zeichnete und zeichnete und durfte jedes Mal, wenn eine Illustration sauber radiert war, ins Wasser springen. Ich stand neben dem Verandatisch und wartete, bis sie mit der Zeichnung wedelte, damit die Tusche schneller trocknete, und dann lachten wir alle beide, wir mussten nämlich daran denken, wie es in der Stadt ist, wo man nachts zeichnet und einem vor Müdigkeit übel wird. Dann liefen wir an den Strand hinunter und hüpften ins Wasser. Als Kallebisin Sommergäste bekam, musste ich zum Baden eine Hose anziehen.

Papa war in seinem neuen Atelier und arbeitete. Jeden Morgen nach dem Angeln und dem Frühstückskaffee begab er sich dorthin. Papa angelt leidenschaftlich gern. Er steht morgens um vier auf, nimmt seine Angelrute und geht zum Kasten mit den Köderfischen.

In der Bucht war es so heiß, dass die Köderfische starben und wir fast jeden Abend draußen vor der Insel Strandskär Netze auslegten. Auf der Veranda lag morgens ein Knäckepaket für Papa bereit. Er stopfte sich die Taschen voll und fuhr dann durch den Sund hinaus.

Der Senker ist wichtig. Man kann stundenlang wandern, ohne den richtigen Senker zu finden, es muss ein etwas länglicher Stein sein mit einer Kerbe in der Mitte. Morgens angelt Papa für sich allein. Niemand stört ihn, niemand widerspricht ihm. Das Licht ist wundervoll, und die Felsen sind genauso schön, wie wenn Cawan sie gemalt hätte. Man sitzt einfach da und beobachtet den Schwimmer. Man weiß, wann es anbeißt und wo es anbeißt. Es gibt ein Riff, das ist nach Papa benannt, es heißt Janssons Stein und wird für immer so heißen. Dann rudert man sacht heimwärts und sieht nach, ob Rauch aus dem Schornstein kommt.

Sonst angelt niemand gern. Aber Mama hält den Kescher und rudert mit der Schleppangel. Für die richtigen Stellen hat sie kein Gefühl, aber so etwas ist angeboren und bei Frauen äußerst selten.

Nach dem Morgenkaffee begab sich Papa in sein neues Atelier. Jeder Tag war gleich heiß, und es ging überhaupt kein Wind.

Papas Laune wurde immer düsterer. Er begann über Politik zu reden. Alle mieden die Nähe des Bootsschuppens, und wir badeten nicht mehr am Felsen, sondern in der ersten Meeresbucht.

Am schlimmsten waren Kallebisins Gäste. Wenn sie Papa kommen sahen, gingen sie auf ihn zu und nannten ihn den Herrn Bildhauer und fragten, wie es denn mit der Inspiration bestellt sei. Noch nie im Leben habe ich etwas so Taktloses gehört. Sie schlichen sehr deutlich auf Zehenspitzen am Bootsschuppen vorbei, legten den Finger an die Lippen, flüsterten und nickten sich zu und kicherten, und natürlich sah Papa das alles durchs Fenster.

Und das Allerschlimmste war, dass sie ihm Vorschläge machten. Sie schlugen ihm vor, was für Skulpturen er machen sollte! Mama und ich schämten uns entsetzlich für sie, aber was sollten wir tun.

Papas Laune wurde immer düsterer, und schließlich sprach er überhaupt nicht mehr. Eines Morgens fuhr er nicht einmal mehr zum Angeln hinaus, sondern blieb im Bett liegen, starrte an die Decke und machte einen kleinen Mund.

Und es wurde immer heißer und heißer.

Doch dann begann das Wasser ganz plötzlich zu steigen. Wir merkten es erst, als nachts ein Wind aufkam. Es geschah innerhalb einer halben Stunde. Trockene Zweige und Sachen, die draußen herumgelegen hatten, schlugen gegen die Fensterscheiben, und der Wald begann zu brausen, die Nacht war so heiß, dass man nicht einmal das Leintuch über sich haben konnte. Die Tür flog auf und begann zu schlagen, und wir liefen auf die Treppe hinaus und sahen hinterm Hällstein weiße Schaumkronen, und dann sahen wir oben beim Brunnen das Wasser glitzern, und Papa wurde guter Dinge und schrie: »So ein verfluchtes Wetter!« und fuhr in die Hosen und war im Nu draußen. Kallebisins Gäste waren in ihren Nachthemden auf den Hofplatz hinausgeweht worden, wo sie jetzt hilflos herumstanden und keine Ahnung hatten, was man tun sollte. Mama und

Papa stürmten zum Strand hinunter, und dort segelte der Steg mit allen Booten dran schon halbwegs nach Rödholmen hinaus. Die Boote schlugen aneinander und drängelten, als wären sie lebendig. Der Fischkasten hatte sich losgerissen, und sämtliche Rollbalken waren unterwegs zum Sund hinaus. Es war herrlich! Das Gras lag unter Wasser, und das Meer stieg immer weiter, und die ganze Landschaft war neu, von Sturm und Nacht überzogen.

Kallebisin holte die Wäscheleine, und Fanny stand auf dem Hof und schrie und schlug auf eine Blechdose, und ihr weißes Haar flatterte in alle Richtungen. Papa ruderte mit einem Tau zum Steg hinaus, und Mama stand an Land und hielt es fest. Alles, was am Ufer gewesen war, war ins Meer hinausgetrieben, der Landwind sog es zum Sund hinaus, und der Wind wurde immer heftiger, und das Wasser stieg und stieg. Ich schrie ebenfalls vor Freude und watete hin und her und spürte, wie das Gras im Wasser herumfloss und sich um meine Beine wand. Ich rettete Bretter, und ab und zu rannte Papa vorbei und zog Balken an Land und rief: »Was sagst du dazu!? Es wird immer schlimmer!« Er warf den Sommergästen ein Seilende zu und schrie: »Los, packt mit an, verdammt noch mal, jetzt müssen wir den Steg auf die Wiese heraufbringen! Tut etwas!« Und die Sommergäste zerrten und zogen und waren ganz durchnässt in ihren Nachthemden und begriffen gar nicht, wie schön das Ganze war, und das geschah ihnen ganz recht. Schließlich hatten wir alles gerettet, was es zu retten gab, und Mama ging hinein, um Kaffee zu kochen. Ich zog meine Kleider aus und wurde in eine Decke gewickelt und saß daneben und sah zu, wie sie Feuer im Herd anmachte. Die Fensterscheiben klirrten und waren ganz dunkel, draußen hatte es zu regnen begonnen.

Da riss Papa die Tür auf und stürmte in die Küche herein und rief: »Verdammt! Stellt euch vor! Im Bootsschuppen steht das Wasser einen halben Meter hoch! Der Ton ist die reine Soße. Ist das nicht haarsträubend? Nichts mehr zu machen!«

»Wie schrecklich«, sagte Mama und sah genauso glücklich aus wie Papa.

»Und du«, fuhr Papa fort. »Ich war in der ersten Bucht, da kommen ganze Bretterladungen angetrieben. Ich habe keine Zeit zum Kaffeetrinken. Komme dann später irgendwann.«

»Gut«, sagte Mama. »Ich halte ihn warm.«

Dann stürmte Papa wieder hinaus. Mama schenkte alle Tassen voll. Das war der beste Sturm, den wir je gehabt hatten.

# JEREMIAH

Einmal, als es auf den Herbst zuging, wohnte ein Geologe im Lotsenhäuschen. Er konnte weder Schwedisch noch Finnisch, er lächelte nur und ließ seine schwarzen Augen funkeln. Wenn er einen ansah, fühlte man sofort, wie außerordentlich glücklich er war, einen endlich kennenlernen zu dürfen, doch dann ging er einfach weiter und klopfte mal hier, mal dort auf die Felsen. Er hieß Jeremiah.

Er lieh sich ein Boot, um zu den Inseln hinauszurudern, und Kallebisin stand grinsend am Ufer und sah zu, wie Jeremiah ruderte, es sah gar zu kläglich aus. Jeremiah auf dem Wasser war eine einzige Blamage, und Papa fragte sich, was die Lotsen wohl denken mochten, wenn sie ihn rudern sahen.

Ich war jeden Tag mit Jeremiah zusammen. Wir umrundeten die Buchten, und ich durfte seinen kleinen Kasten tragen, während er an den Felsen herumklopfte. Manchmal durfte ich auch das Boot hüten. Es war sicher sehr vernünftig, dass ich mich um Jeremiah kümmerte. Er konnte nicht einmal einen ordentlichen Halbschlag machen, es sah jedes Mal aus wie eine Art Schleife. Oder er vergaß es ganz, das Boot zu vertäuen. Aber das kam nur daher, dass er sich ausschließlich für Steine interessierte, sonst für nichts auf der Welt. Die Steine brauchten nicht schön zu sein oder rund oder irgendwie ungewöhnlich. Er hatte seine eigene Vorstellung von Steinen, und die hatte mit allen anderen Vorstellungen nichts gemein.

Ich störte ihn nie, nur ein einziges Mal zeigte ich ihm meine eigenen Steine. Da übertrieb er seine Bewunderung derart, dass es mir peinlich war. Er übertrieb auf die verkehrte Weise. Doch mit der Zeit lernte er es besser.

Wir gingen an den Stränden entlang, er voran und ich hinterher. Wenn er stehen blieb, blieb ich auch stehen, allerdings nicht zu nahe, und sah ihn an, während er klopfte. Er hatte nicht besonders viel Zeit für mich übrig. Aber manchmal, wenn er sich umdrehte und mich sah, tat er so, als wäre er unglaublich überrascht. Er beugte sich vor und riss die Augen auf und versuchte mich durch sein Vergrößerungsglas zu erblicken, und dann schüttelte er den Kopf, als könnte er es einfach nicht fassen, dass jemand so unglaublich klein sein konnte wie ich. Schließlich entdeckte er mich aber doch, und ging vor Staunen rückwärts und tat so, als hielte er etwas sehr Kleines in den Händen, und dann lachten wir alle beide.

Manchmal zeichnete er uns in den Sand, einen sehr Großen und eine sehr Kleine, und einmal, als es windig wurde, lieh er mir seinen Pullover. Aber meistens klopfte er nur an den Felsen herum und vergaß mich. Das machte nichts. Ich lief immer hinter ihm her, und morgens wartete ich vor dem Lotsenhäuschen, bis er aufwachte.

Wir hatten ein gemeinsames Spiel. Ich legte ein Geschenk auf seine Treppe und versteckte mich anschließend, und wenn er herauskam, fand er das Geschenk und wurde ungeheuer glücklich. Er wunderte sich, kratzte sich am Kopf und gestikulierte mit den Armen, und dann begann er mich zu suchen. Bei der Suche stellte er sich ziemlich dumm an, doch das gehörte ja dazu. Es musste lang dauern, bis er mich gefunden hatte und entdeckte, wie unglaublich klein ich war. Und ich machte mich immer kleiner, damit er sich freute.

Viele Tage lang klopften wir zusammen Steine. Schließlich wurde es windig und bedeckt und ziemlich kalt, und dann kam sie. Sie hatte genauso einen Steinhammer wie Jeremiah und wanderte wie er durch die Gegend und klopfte, und sie konnte ebenfalls weder Schwedisch noch Finnisch. Sie wohnte in Kallebisins Saunakammer.

Ich weiß, dass Jeremiah allein klopfen wollte. Er wollte sie nicht dabeihaben, aber sie kam trotzdem mit. Wenn man Steine sucht, muss man für sich allein gehen dürfen. Sie hätte ja auf eigene Faust suchen können, doch das tat sie nicht. Sie tauchte immer aus einer anderen Richtung auf und tat so, als wäre sie überrascht, Jeremiah zu begegnen. Aber ihr Spiel war überhaupt nicht lustig und hatte nichts mit uns zu tun.

Ich kam mit Jeremiahs kleinem Kasten hinterher, stand da und wartete, während er klopfte. Ich sorgte dafür, dass das Boot ordentlich vertäut wurde. Aber das Spiel mit meiner erstaunlichen Winzigkeit konnten wir natürlich nicht spielen, solange sie dabei war.

Anfangs lächelte sie mir zu, aber in Wirklichkeit zeigte sie nur die Zähne. Ich sah sie an, bis sie wegblickte und weiterklopfte. Ich folgte ihnen und stand da und wartete, und jedes Mal, wenn sie sich umdrehte, sah sie mich, und ich sah sie an. Uns war kalt, da der Wind landeinwärts blies. Die Sonne blieb hinter den Wolken. Ich sah, dass sie fror und dass sie sich vor dem Meer fürchtete. Aber sie fuhr trotzdem jedes Mal im Boot mit, sie ließ ihn nie allein zu den Inseln hinausfahren.

Sie saß im Heck und hielt sich mit beiden Händen an der Bank fest, und ich sah es ihren Händen an, wie sehr sie sich fürchtete. Die Knie hielt sie fest zusammengepresst, sie reckte den Hals und schluckte. Sie sah die Wellen gar nicht an, sondern blickte nur die ganze Zeit auf Jeremiah, und Jeremiah ruderte, so gut er konnte, im Zickzack gegen den Wind, und so fuhren sie beide davon und wurden immer kleiner und kleiner.

Ich durfte nicht mehr mitkommen. Sie taten so, als wäre das Boot zu klein. Es war ein stabiles Ruderboot, und ich hätte sehr gut im Bug sitzen können. Das wusste Jeremiah. Aber er hatte Angst vor ihr. Ich wartete, bis ich sie wieder ablegen und in die Bucht zurückkehren sah. Ich setzte mich hinter einen Stein in den Windschatten und bewachte sie, und wo sie auch an Land gingen, stand ich da und nahm sie in Empfang und vertäute ihr Boot.

Ich wusste, dass nichts mehr Spaß machte und nie mehr etwas Spaß machen würde, wanderte aber trotzdem hinter ihnen her. Ich konnte es nicht lassen, jeden Tag war ich ihnen bis zum Abend auf den Fersen, und ich hatte immer etwas zu essen dabei. Aber jetzt tauschten wir keine belegten Brote mehr aus. Ein jeder aß für sich, und alle saßen im gleichen Abstand voneinander. Keiner von uns sagte etwas.

Dann standen wir auf und gingen weiter am Strand entlang. Einmal blieb sie stehen und wartete auf mich, ohne sich umzudrehen. Ich blieb ebenfalls stehen, ihr Rücken hatte nämlich einen gefährlichen Umriss. Und da drehte sie sich sehr rasch um und sagte etwas zu mir. Es war das erste Mal, dass sie etwas sagte. Zuerst verstand ich nichts. Da wiederholte sie es, immer wieder, sehr laut und mit dünner Stimme: »Geh heim! Geh heim, geh heim, geh heim!«, sagte sie. Irgendjemand hatte ihr beigebracht, »geh heim« zu sagen, aber es klang eigenartig.

Ich sah meine Füße an und wartete, bis sie weiterging. Dann setzte ich meine Verfolgung fort.

Aber morgens war sie nicht da. Da legte ich mein Geschenk auf die Treppe des Lotsenhäuschens und versteckte mich. Ich konnte mich endlos lange verstecken und endlos lange warten.

Schließlich trat Jeremiah auf die Treppe heraus und fand das Geschenk und war sehr überrascht. Er begann mich zu suchen, und ich war unglaublich klein, so klein, dass ich in seine Tasche passte.

Aber mit der Zeit wurde es anders. Ich wuchs, er fand mich viel zu schnell. Er war nicht einmal mehr überrascht. Schließlich trat das Entsetzliche ein, dass wir das Spiel nur noch spielten, weil wir es einmal angefangen hatten und es falsch gefunden hätten aufzuhören.

Eines Morgens trat Jeremiah auf die Treppe heraus und fand sein Geschenk. Er gestikulierte wie immer und fasste sich an den Kopf. Doch dann nahm er die Hände nicht weg, sondern blieb viel zu lange mit den Händen am Kopf stehen. Und dann kam er geradewegs auf die Kiefer zu, hinter der ich mich versteckt hatte, und starrte mich an und lächelte, und ich sah, dass er genau wie sie die Zähne zeigte und kein bisschen freundlich war. Es war so schrecklich, dass ich nur davonrennen konnte. Ich schämte mich den ganzen Tag für uns. Gegen drei kam die Sonne hervor, und ich begab mich wieder zu den Buchten.

Sie waren in der dritten Bucht. Er saß da und klopfte, und sie stand ein Stück von ihm entfernt und sah zu. Da sie nicht mehr fror, hatte sie ihre Mütze ausgezogen und eine Menge Haare herausgelassen, die sie immer wieder über die Schulter warf, während sie ihn ansah. Dann trat sie näher an ihn heran und bückte sich, um festzustellen, was er machte, und ließ dabei die ganzen Haare über ihn fallen; da erschrak er sehr, er zuckte zusammen, stand auf und stieß an ihre Nase. Ich glaube, dass es die Nase war. Sie wäre beinahe auf die Steine gefallen, daher packte Jeremiah sie, und einen Augenblick lang sahen sie aus wie Papierpuppen. Dann begann sie sehr schnell zu reden, und Jeremiah hielt sie fest und hörte zu.

Er war so weit von mir entfernt, dass ich schreien musste, damit er mich hörte, also schrie ich aus Leibeskräften. Aber er ging einfach weiter, nur sie blieb stehen und guckte, und ich guckte zurück. Ich sah sie an und sah sie an, bis ich sie in Fetzen gesehen hatte, und dachte, du bist groß und knochig wie ein Pferd, und dich kann man bestimmt nicht im Gras suchen, und verstecken kannst du dich auch nirgends, dich sieht man nämlich die ganze Zeit, und kein Mensch freut sich über dich oder staunt über dich! Du hast unser Spiel ganz umsonst gestört, du selbst kannst ja sowieso nicht spielen. O Jammer, o Graus! Kein Mensch will deine Geschenke haben. Er will sie nicht haben. Du bist für niemanden eine Überraschung, du verstehst nichts, weil du kein Künstler bist! Und dann ging ich näher und vernichtete sie mit der ungeheuerlichsten Anschuldigung, die es gab. Ich schrie: »Amateur! Du bist ein Amateur! Du bist nicht echt!«

Sie trat ein paar Schritte zurück und wurde ganz zerknittert im Gesicht. Da wagte ich sie nicht mehr anzuschauen, es ist nämlich schrecklich peinlich, eine erwachsene Person weinen zu sehen. Daher schaute ich zu Boden und wartete lange. Ich hörte sie weggehen. Als ich aufsah, war sie verschwunden.

Jeremiah war draußen auf der Landzunge und klopfte Steine. Da ging ich zum Lotsenhäuschen zurück und holte mein Geschenk. Es war ein sehr schönes Vogelskelett, ganz weiß. Mama gab mir eine Schachtel, die genau die richtige Größe hatte, und so konnte ich das Skelett in die Stadt mitnehmen. Es ist sehr selten, dass man Vogelskelette findet, die genau die richtige kreideweiße Farbe haben.

# THEATER

Samstags durfte niemand außer Fanny die Sauna heizen. Das war die einzige Arbeit, die sie gern machte. Den ganzen Tag lang stakste sie auf ihren dürren Beinen, die genauso weiß waren wie ihre Haare, über den Hofplatz hin und her und trug Holz, sehr langsam und jedes Mal nur ein paar Scheite. Samstags war Fanny die wichtigste Person in der ganzen Bucht, und daher sang sie eintönig und schrill vor sich hin.

Dann wurde die Sauna abgerissen. Nur der Ofen, die Pritsche und der Türpfosten blieben im Regen stehen. Der Sommer war zu Ende, und Mama war in die Stadt gereist. Papa war mit seiner Spinnangel draußen, und ich wanderte durch den Regen. Es regnete und regnete. Die Wiese war braun und aufgeweicht und roch modrig, und die Saunabalken lagen kreuz und quer durcheinander, die Ameisen hatten sie von innen her aufgefressen, und es lohnte sich nicht, sie aufzuheben.

Als es wieder Samstag wurde, trug Fanny Holz zur Sauna hinunter und füllte den Ofen. Sie blieb stehen, sah die Pritsche und die leere Tür an und murmelte vor sich hin. Ihr runzliges Gesicht und ihre Augen waren ganz leer. Ich sah, dass der Regen wie in Bächen durch ihre Runzeln lief. Sie entfernte ein welkes Blatt von der Pritsche und murmelte dabei die ganze Zeit vor sich hin. Dann blieb sie stehen und wartete, bis das nächste Blatt angeschwebt kam, um es ebenfalls zu entfernen. Schließlich setzte sie sich neben die Katze auf die Pritsche. Sie sahen aus, als wären sie im Theater.

Ich ging in die Küche, legte mich auf die Holzkiste und hörte den Regen aufs Dach trommeln, bis ich einschlief. Als ich aufwachte, hatte es aufgehört zu regnen. Ich nahm das große rote Tischtuch und begab mich damit zur Sauna hinunter. Papas Boot lag draußen bei Sandskär. Fanny saß immer noch auf der Pritsche, die Katze dagegen hatte sich davongemacht.

Ich stieg auf einen Eimer und warf die Tischdecke über den Türrahmen. Sie reichte fast bis auf den Boden hinunter und wirkte draußen noch leuchtender rot.

»Das ist der Bühnenvorhang«, erklärte ich. Fanny gackerte kurz, sagte aber nichts.

Ich ging wieder ins Haus, holte den Gong und hängte ihn an einen Nagel neben dem Vorhang. Dann trug ich sämtliche Laternen, Lampen und Kerzenleuchter heraus und stellte sie rund um die Bühne. Fanny beobachtete sehr genau, was ich tat. Es tropfte überall, aber es regnete nicht. Die Wolken waren so dunkel, dass sie eine Art Dämmerung erzeugten.

Als alles fertig war, verkleidete ich mich als Prinzessin Florinna. Ich zog Mamas rosa Unterrock und die Sonntagsschleife der Katze an und band mir einen grünen Seidenschal um den Bauch. Als ich zurückkam, hatte Fanny eine Menge Äpfel gepflückt und sie in einem Kreis um das Theater gelegt, sie waren so gelb, dass der Boden fast schwarz wurde. Eine noch dunklere Wolke kam heraufgezogen, was mich veranlasste, die Beleuchtung anzumachen. Es war schwierig, die Lampen zum Brennen zu bringen, aber schließlich ging es. Die Laternen wollten überhaupt nicht mitspielen.

Die Katze sprang wieder neben Fanny auf die Pritsche, ich gab ihnen je ein Theaterprogramm und legte eines auf Papas Platz. Dann stellte ich mich hinter den Vorhang und schlug auf den Gong. Ich zog den Vorhang zur Seite und betrat die Bühne.

Zuerst machte ich einen Knicks vor Fanny und dann einen vor der Katze, wobei ich von beiden sehr aufmerksam beobachtet wurde.

Ich rief: »Ach! Mein liebster Vogel Blau! Flieg her zu mir, zu deiner Frau!« Ich rang die Hände und rannte hin und her, ich war nämlich in einem Turm eingesperrt und wartete auf Prinz Amundus.

Dann wurde ich zu Holofernes, machte einen großen Bauch und brummte: »Potz Pestilenz! Warte nur, Elende, dich werd ich lehren ...«

Es begann wieder zu regnen. Draußen am Hällstein kam Papa zurückgerudert. Hinter Sandskär war ein schmaler gelber Streifen aufgetaucht. Der Regen löschte alle Kerzen aus, aber die Lampen brannten weiter. Ich verwandelte mich rasch in die böse Königin und rief: »Unverschämte! Wie? Du wagst es, so dich auf dem Ball zu zeigen? Weiche von hinnen! Vor Raserei ich lodre, mein Blut mir wallt!«

Dann wurde ich wieder Florinna und antwortete sanft: »Ich habe die Befehle Eurer Gnaden befolgt.«

Es regnete immer heftiger. Die Katze begann sich zu putzen. Da ging ich gleich zur Verzauberung des Amundus über. Sysis kroch schwarz und fürchterlich hinterm Ofen hervor und sagte: »Arigida rigida igida gida! Miraho! Iraho! Aho! Amundus! Mundus! Undus! Ndus! Dus! Us! S!« Sie öffnete die Ofenklappe und stieß ein Zischen aus.

Da stand Fanny auf. Sie begann zu stampfen und schrie: »Ai! Ai! Ai!«

Amundus sagte: »Lass mich, so lass mich doch, du grausames Weib!« Und die Königin: »Willst du von Florinna lassen?«

»Ai! Ai! Ai!«, schrie Fanny.

Eulen flatterten auf, und Heinzelmännchen trippelten über die

Bühne. Ich wurde wieder Florinna. Aber bevor ich auch nur ein Wort äußern konnte, kam Fanny von der Pritsche angestürzt. Sie stampfte auf der Bühne umher und klatschte in die Hände, während sie mit ihrem Ai, ai, ai weitermachte.

»Geh weg!«, rief ich erbost. »Es ist noch nicht fertig. *Jetzt* darfst du doch noch keinen Beifall klatschen!«

Aber Fanny hörte mich nicht. Sie hockte sich vor den Ofen und brachte die Birkenrinde zum Brennen. Der ganze Rauch quoll zur Ofenklappe heraus, da es ja keinen Schornstein gab und der Ofen durchnässt war. Fanny stampfte weiter und stimmte jetzt ihren großen Regengesang an.

»Du Esel!«, schrie ich. »Du bist doch das Publikum!«

Papa kam über die Wiese. Er blieb stehen. »Was um Himmels willen treibt ihr da eigentlich?« Er sah sehr erstaunt aus.

»Ich spiele Theater!«, schrie ich. »Es sollte auch für dich sein! Und jetzt hat Fanny alles kaputt gemacht!«

Inzwischen goss es, und alle Lampen waren erloschen. Ich begann zu heulen, was das Zeug hielt.

»Na, na«, sagte Papa. »Immer schön mit der Ruhe.« Er wusste nicht, was er sagen sollte. Nach einer Weile sagte er: »Ich habe einen Vierpfünder gefangen …«

»Ai! Ai! Ai!«, schrie Fanny.

Ich ging voraus ins Haus und weinte die ganze Zeit, jetzt allerdings vor allem, um Eindruck zu machen. Papa kam hinterher und zündete eine Kerze an, da sämtliche Lampen ja im Theater waren. Er zeigte mir den Hecht.

»Wirklich sehr schön«, sagte ich; wenn jemand einen Fisch gefangen hat, muss man sich nämlich immer dazu äußern. Und dann war es zu spät, jetzt konnte ich nicht mehr weiterweinen. Ich zog mich normal an und trank mit Papa Tee.

Die ganze Zeit hörten wir, wie Fanny draußen auf den Gong

schlug und ihren Regengesang sang. Die Wiese war voller Rauch. Allmählich wurde es der Katze zu dumm, und sie kam zu uns herein.

»Das da ist Sysis«, bemerkte ich leichthin. »Sie ist nur in eine Katze verzaubert worden.«

»Was hast du gesagt?«, fragte Papa.

»Nichts«, sagte ich. Es war nicht mehr so wichtig.

Am nächsten Tag war Fanny sehr gut aufgelegt. Die Saunatür war umgefallen, und der Vorhang lag im Gras. Wir breiteten ihn auf dem Verandatisch aus und ließen ihn dort bis zum nächsten Sommer trocknen.

# HAUSTIERE UND FRAUENZIMMER

Papa liebt alle Tiere, weil sie ihm nicht widersprechen. Die behaarten liebt er am meisten. Und die Tiere lieben ihn auch, weil sie wissen, dass sie alles tun dürfen, was ihnen einfällt.
Mit Frauenzimmern ist alles anders.
Wenn man Skulpturen von ihnen macht, werden sie zu Frauen, aber solange sie noch Frauenzimmer sind, ist es schwierig. Sie können nicht einmal Modell stehen, und reden tun sie auch zu viel. Mama ist natürlich kein Frauenzimmer.
Einmal als Papa in der Dämmerung draußen vor dem Haus stand, flog ihm eine Fledermaus direkt in die Arme. Papa blieb ganz still stehen, und da kroch sie in seine Jacke und hängte sich mit dem Kopf nach unten dort auf und schlief ein. Papa bewegte sich nicht. Wir brachten ihm sein Abendessen heraus, das er sehr vorsichtig zu sich nahm. Niemand durfte etwas sagen. Dann trugen wir den Teller weg, und Papa blieb stehen, bis es dunkel wurde. Da flog die Fledermaus für ein Weilchen heraus und kehrte dann wieder zu ihm zurück. Diesmal blieb sie aber nur kurz, es war eher ein Höflichkeitsbesuch.
In jenem Sommer musste Mama jedes Mal, wenn uns keine Fische ins Netz gingen, für Pellura Spaghetti kochen. Dann ging Papa auf den Berg hinauf und rief: »Pellura, Pellura«, und da kam die Möwe angeflogen. Manchmal hatte sie ihre Kinder dabei.
Einmal kam ein Frauenzimmer daher und behauptete, Pellura

sei eine Raubmöwe, die kleine Eiderjunge auffrisst, woraufhin Papa das Frauenzimmer hasste, bis es abreiste.

Pellura hatte gelbe Beine, sie war eine Raubmöwe und fraß die Eiderjungen auf, aber als das Frauenzimmer abgereist war, glaubten wir trotzdem fest daran, dass Pellura eine ganz harmlose Möwe sei. Sie kam, wenn Papa sie rief, ein Tier kann einen nämlich nie täuschen, und selbst kann man einem Tier auch nichts vormachen. In der Stadt ist es schwieriger, aber wir tun unser Bestes. Im Frühling hatten wir neunzehn Kanarienvögel.

Kanarienvögel sind äußerst vermehrungsfreudig.

Es beginnt mit dem Elternpaar. Das bekommt Junge. Und bevor die Jungen überhaupt eine Feder am Leib haben, müssen sie schon aus dem Nest, und der Kanarienvater singt schon wieder, und die Kanarienmutter legt neue Eier. So geht das zu bei den Kanarienvögeln.

Die Kanarienvögel bereiteten Papa große Sorgen. Sie setzten sich zum Singen auf die Hausantenne und wippten und spritzten, und alles war eitel Freude, doch dann stoben sie aufeinander los und fielen über den Hässlichsten und Kleinsten her und rupften ihn, bis er glatzköpfig war.

Da pflegte Papa ihnen mit dem Modellierholz auf den Kopf zu klopfen und zu sagen: »Ihr Satansbraten«, und dann beruhigten sie sich und sangen wieder.

Papa trat an den Modellierbock hin und trug Ton auf, und dann trat er wieder zurück. Die Kaninchen hoppelten mit ihm vor und wieder zurück, eines links und eines rechts von ihm. Sie wären nie auf die Idee gekommen, die Seiten zu wechseln. Sie liebten Papa. Aber manchmal überkam es sie, und dann gab es hinter seinem Rücken eine Balgerei, sie waren nämlich eifersüchtig. Dann klopfte Papa ihnen mit dem Modellierstab auf den Kopf. Manchmal klopfte er auch mir auf den Kopf.

Aber Poppolino klopfte er nie auf den Kopf. Nach Mama liebt Papa Poppolino über alles auf der Welt. Poppolino darf sogar durch die Tageszeitung hüpfen, weil er Papas Freund ist. Er wohnt in einem großen Käfig auf Papas Schlafregal, aber er braucht sich nur am Schwanz aufzuhängen und zu schreien, dann wird er herausgelassen.

Papa und Poppolino sitzen oft zusammen vor dem Radio, und Poppolino hat den einen Kopfhörer auf und dreht Störungen herbei. Oder sie gehen zusammen in den Laden, um Hering zu kaufen.

Wenn Papa in den Laden geht, sieht er sich oft gezwungen, Frauenzimmern auf den Kopf zu klopfen, weil sie sich nicht entscheiden können, weil sie an den Lebensmitteln herumdrücken und dummes Zeug über Politik reden.

Und jedes Mal, wenn wir zu den Lebenden Bildern gehen, muss er irgendwelchen Frauenzimmern auf den Kopf klopfen, weil sie ihre Hüte nicht abnehmen. Frauenzimmer sind schwierig.

Meistens sind sie asozial und würden nicht einmal im Krieg gehorchen, aber immerhin erschrecken sie, wenn Papa ihnen auf den Kopf klopft, und das ist schon etwas. Mama ist kein Frauenzimmer, und sie nimmt auch immer den Hut ab.

Mama sieht Papa an und sagt: »Das kann schon sein«, und wenn sie allein ist, tut sie, was sie will.

Einmal wollte Papa Poppolino einen Dschungelfilm zeigen, aber sie wurden nicht hereingelassen. Papa hat immer Scherereien wegen Poppolino. Wenn es nicht die Frauenzimmer sind, dann ist es Poppolino.

Ein anderes Mal gingen sie zusammen ins Gambrini, um sich einen schönen Abend zu machen, und wurden schon vor elf Uhr nach Hause geschickt. Poppolino hatte sich nicht direkt schlecht benommen, er hatte sich nur ein wenig für einen Hut interessiert, der außerdem sowieso die falsche Farbe hatte. Mit Haustieren hat man nichts als Probleme.

Es kam immer wieder vor, dass Poppolino einen Kanarienvogel auffraß, und jedes Mal wurde Papa gleich betrübt. Aber bei reiflicher Überlegung begriff er, dass es so doch am besten war, da die Kanarienvögel ja ohnehin viel zu zahlreich waren. In der Natur findet nämlich alles seinen Ausgleich. Außerdem spritzten sie auf Mamas Zeichnungen, und was noch schlimmer war, in Mamas Haare.

Ich weiß, dass Papa Mamas schönes Haar ebenso anbetet, wie James Oliver Curwood in Alaska Jeanettes Haar anbetete. Er saß vor dem Feuer, steckte die Nase in ihr Haar und sang leise zusammen mit seinen treuen Hunden. Oder vielleicht winselte er auch. James Oliver Curwood meine ich, nicht Papa.

Wenn Papa feiert, spricht er immer von Mamas wundervollem Haar, und dann fängt er an, andere Haare zu beschreiben, die er nicht ausstehen kann. Es gibt Frauenzimmer auf der Straße, die lassen ihre Haare einfach herumhängen, sogar über die Augen hängen ihnen die Haare. Waschen tun die ihre Haare nie. Solche Frauenzimmer besitzen keine natürliche Würde und sind sich ihrer Rolle in der Gesellschaft nicht bewusst.

Das Traurigste, was einem Mann passieren kann, ist, wenn seine Haare oben dünner werden. Das zeigt, dass sein Hut zu klein ist, was wiederum daran liegt, dass er bürgerlich ist und daheim vermutlich unterdrückt wird.

Eine Glatze dagegen ist etwas ganz anderes, das heißt, wenn der Schädel skulptural ist und am besten noch dolichozephal wie der von Cawan.

Aber am meisten Scherereien bereiten Papa die Frauenzimmer, besonders wenn sie Modell stehen sollen. Oft haben sie hässliche Knie, selbst wenn der Torso gut ist, und fast immer sind die

Zehen ein wahres Trauerspiel. Es macht Papa überhaupt gar keinen Spaß, Zehen zu modellieren, er will, dass Mama es für ihn tut. Aber Mama hat auch nichts für Zehen übrig.

Poppolino hat sehr schöne Zehen und ebenso schöne Finger. Er schlingt Papa die Arme um den Hals und schreit vor Zärtlichkeit. Kaum sieht er jemanden weinen, muss er ihn trösten. Wenn Poppolino auf der Straße entwischt und auf ein Haus hinaufklettert, gibt es nur eine einzige Möglichkeit, ihn wieder herunterzubekommen, man muss sich auf die Straße setzen und weinen.

Dann gibt es immer wieder einfältige Kinder, die herkommen und Papa fragen, ob er weine, weil der Affe ihn gebissen habe. So was Dummes! Poppolino beißt Papa doch die ganze Zeit, aber Papa weint deswegen nie, und er ärgert sich auch nie über Poppolino. Zwischen ihnen besteht eine große Freundschaft.

Aber obwohl sie aufgefressen wurden, vermehrten sich die Kanarienvögel unverdrossen weiter, und schließlich waren es vierundzwanzig. Da gaben Papa und Mama eine Anzeige im Tageblatt auf, in der stand, dass jedermann willkommen sei, sich in der Lotsengasse 4 gratis einen Kanarienvogel abzuholen.

Ab halb acht Uhr morgens begannen die Frauenzimmer bei uns hereinzuströmen, und sie strömten, bis es dunkel wurde.

Ein Frauenzimmer hatte ein eigenes Auto, und ein anderes hatte einen Diener, der ihr den Käfig trug, und alle sagten, die Treppen seien schrecklich, und erzählten von den Kanarienvögeln, die sie vorher gehabt hatten und die gestorben oder davongeflogen waren. Manche Frauenzimmer weinten, und Papa rannte durch die Wohnung und fing ihnen neue Kanarienvögel ein, und als es keine mehr gab, erhielten die Frauenzimmer je ein in Watte gepacktes Ei, das sie mit nach Hause nehmen konnten, und als es keine Eier mehr gab, kamen sie einfach so herein und weinten.

Poppolino rüttelte an seinem Käfig und empfand ganz und gar keine Zärtlichkeit für die Frauenzimmer, er sah nämlich, dass sie gerne weinten.

An diesem Tag blieb alle Arbeit liegen, und hinterher war es sehr still, und wir vermissten die Kanarienvögel und bereuten, was wir getan hatten.

Aber Ratzischatz saß noch in seiner Kiste. Ratzischatz war auf eine stille, geheimnisvolle Art Papas Freund. Seine Kiste war voller Torf und hatte eine Wand aus Glas. Durch die Wand konnte man einen unterirdischen Gang sehen, den Ratzischatz gegraben hatte, aber er selbst ließ sich beinahe nie blicken.

Papa stand vor der Kiste und wartete. Er klopfte mit dem Modellierstab und sagte: »Komm zu Papi, mein Herzchen.« Nach geraumer Zeit tauchte dann eine zitternde Schnauze hinten im Gang auf, aber nie mehr als die Schnauze. Da war Papa zufrieden und konnte wieder ein Stück weiterarbeiten. Manchmal ist es gut, wenn man während der Arbeit zu jemandem hingehen kann, der einen interessiert und der freundlich ist, der aber nichts sagt.

Wir hätten keine Putzfrau ins Atelier hereinlassen sollen, und das würde auch nie wieder vorkommen. Die Putzfrau nahm eine Handvoll Putzwolle, rieb die Glasscheibe sauber und steckte dann die Putzwolle in die Kiste. Ratzischatz mochte es gar nicht, dass die Scheibe sauber wurde, und zeigte ab da nicht einmal mehr seine Schnauze. Die Putzwolle dagegen schätzte er, daraus machte er sich ein Nest, das niemand jemals zu Gesicht bekam.

Papa wurde traurig. Eine Zeit lang stellte er sich stattdessen ans Schlafzimmerfenster und warf den Möwen Heringsstückchen zu, aber das hatte nicht dieselbe anregende Wirkung, und so wie mit Pellura konnte es ja sowieso nie mehr werden. Und au-

ßerdem kam die Polizei und schimpfte. Wir haben nie begriffen
warum.

Papa hat Zeit seines Lebens Probleme mit Haustieren gehabt.
Zum Beispiel mit Purzel, der an Lebensmittelvergiftung starb.
Großmutter fand ihn während des Freiheitskriegs in einem
Mülleimer. Sein Schwanz war abgebrochen, er war räudig und
sah fürchterlich aus. Er war so klein und abstoßend, dass alle,
die ihn sahen, gerührt wurden und ihn so schnell wie mög-
lich los sein wollten. Daher bekam Großmutter jedes Mal
Fleischreste für Purzel, wenn sie ihn am Kücheneingang der
Kneipen vorführte, und auf diese Weise hatte die Familie jeden
Tag zu essen.

Die Geschichte von Purzel erzählten Mama und Papa immer
wieder, manchmal bekommt ein und dieselbe Person sie sogar mehrmals zu hören. Mal sagen sie, dass Purzel etwas vom
Fleisch abbekam, mal, dass er überhaupt nichts bekam. Ich
habe noch nie ein und derselben Person eine Geschichte mehrmals erzählt.

Alle Hunde sind treu. Darin erinnern sie stark an Männer, nur
die Möpse vielleicht nicht. Wer einen Mops hat, mit dem ist
was nicht in Ordnung. Wenn ein Frauenzimmer einen Mops
hat, weiß man gleich, dass sie eine Sitzengebliebene ist. Vor
allem früher, als Papa jung war, war das so. Aber heiraten und
den Mops verlassen – das ist auch nicht gut. Diesen Weg ist
schon manche gegangen und ist dabei vom Regen in die Traufe
gekommen, sagt Papa. Selbst wenn man einen Mops hat, muss
man treu sein. Das ist sehr schwierig.

Eigentlich ist es auch für mich sehr schwierig. An die Frauenzimmer denke ich nicht besonders oft, die können einen ja um
den Verstand bringen, wenn man Bildhauer ist. Aber an Papas
Haustiere muss ich die ganze Zeit denken. Er hat so viele gehabt,

dass ich sie nicht mehr auseinanderhalten kann, aber es ist doch immer dasselbe Theater, egal ob sie behaart sind oder nicht. Ich werde ganz müde, wenn ich an sie denke.

Poppolino ist und bleibt nun einmal Papas Freund, genau wie Cawan. Das ist so, und daran können weder Mama noch ich etwas ändern.

Poppolino wird bestimmt hundert Jahre alt.

Aber all die anderen! Das Schaf zum Beispiel. Das kam auf die Veranda, ohne sich die Füße abzutrocknen, und stampfte und drängelte und bekam alles, was es wollte. Dann stampfte es wieder hinaus mit seinen steifen Beinen, seiner einfältigen Stimme und seinem dreckigen, einfältigen Hinterteil, das die Treppe hinunterwackelte, und hatte keine Ahnung davon, wie viel Liebe es bekommen hatte!

Die Katzen! Die begriffen auch nichts. Entweder sie waren fette Puddinge, die immer nur schliefen, oder sie waren schön und wild und interessierten sich überhaupt nicht für Papa.

Und das Eichhörnchen! Nie durfte er es streicheln! Es war bissig, flink und selbstständig, es wollte nur nehmen und nehmen und nehmen, um dann davonzuhüpfen und in aller Ruhe und für sich allein schön zu sein.

Aber das Allerschlimmste, das war auf jeden Fall die Krähe. Die Krähe war unglaublich gescheit. Sie wusste alles über Papa und wollte gestreichelt werden. Sie war viel gefährlicher als Poppolino. Poppolino lebt vom Gefühl her und kann zwischen Recht und Unrecht nicht unterscheiden.

Aber die Krähe wusste Bescheid. Sie überlegte und berechnete alles. Sie sah Papa an und dann sah sie mich an. Es war ihr anzusehen, dass sie nachdachte. Und dann krächzte sie sehr leise, mit einem klagend zärtlichen Ton, ließ den Kopf hängen und trippelte zu seinem Bein hinüber, rieb sich daran, war hilflos und sanft, weil sie genau wusste, dass er das gern hatte.

Aber wenn sie mit mir allein war, sagte sie mit eindeutiger Schamlosigkeit plötzlich »Krääh«, ganz nach Krähenart, wir sahen uns unversöhnlich an, und ich wusste, dass sie Flöhe hatte! Papa sah die Flöhe nicht, weil er sie nicht sehen wollte. Er ließ die Krähe auf ihre einschmeichelnde Art gurren und kreischen und sagte: »Nein, jetzt reicht es aber, weißt du eigentlich, dass es drei Uhr früh ist? Glaubst du etwa, dass ich etwas für dich habe? Glaubst du wirklich, dass ich Zeit habe, mich um alle kleinen Krähen zu kümmern?«

O ja, die Zeit hast du, die Zeit hast du, dachte ich in meinem Bett und biss ins Leintuch und hasste die Krähe, natürlich hast du Zeit, und du hast dir schon gestern Abend ausgedacht, womit du sie füttern wirst!

Papa stand auf und sagte: »Na, vielleicht sollten wir doch mal nachschauen, ob was für dich da ist?«

»Krääää«, antwortete sie so weich und sanft, wie nur eine falsche Krähe antworten kann. Dann gingen sie in die Küche und schauten nach.

Eines Tages saß die Krähe auf dem Schuhrost vor der Treppe und pflückte und zupfte an sich herum. »Kra, kra«, lockte Papa drinnen auf der Veranda, aber die Krähe scherte sich nicht darum, sondern pickte sich einfach weiter die Flöhe aus dem Gefieder.

»Hörst du nicht, dass er ruft«, sagte ich und stieß sie an, worauf sie ihr eines Bein in einen Rost brachte. Das Bein ging entzwei. Krähenbeine sind dünn. Kein Mensch weiß, wie dünn Krähenbeine sein können. Die Krähe flatterte mit den Flügeln und schrie – jetzt schrie sie ganz echt und nicht, um auf Papa Eindruck zu machen.

Dann starb sie und wurde beerdigt. Papa sagte nichts. Ich verzog mich hinter den Keller und dachte mir ein Beerdigungsgedicht aus. Das ging folgendermaßen:
Ach, du arme kleine Krähe, wie kurz war doch dein Leben, verlassen hast du allen Streit und alles Streben. In deiner schwarzen Brust gelandet ist der Todesschuss, dein Schicksal ist zu Ende, mit dem Leben ist jetzt Schluss. Vielleicht fliegst du nun auf einem fernen Stern, weiß wie ein Schwan, ja, das wünschte ich dir gern. Die Sonne geht unter, ihre Strahlen erspähen einen Adler, eine Drossel, aber gar keine Krähen! Die eine, sie ruhet im Grabe und nie mehr krächzen sie will, und der Mond scheint herab und bescheinet alles ganz still!
Ich hörte sehr wohl, dass Papa zu Mama sagte, das sei ein begabtes Gedicht. Vielleicht macht das Gedicht, dass er weniger trauern muss. Vielleicht hilft es mir auch. Sonst wird der Geist der Krähe mich verfolgen, bis ich sterbe. Aber soll sie doch, Hauptsache, ich habe gewonnen.
Allerdings gibt es Tiere, die Papa nicht liebt, und das sind Fliegen. Besteht zwischen Krähen und Fliegen denn überhaupt ein besonders großer Unterschied? Beide fliegen. Beide sind schwarzgrau. Beide machen Kinder, die Fliegen sehr deutlich. Sie sitzen aufeinander und sirren, genau wie die Kanarienvögel, und machen immer mehr und mehr Kinder und die ganze Zeit neue. Aber Papa kann die Fliegen nicht leiden, wenn er sie sieht, will er sie nur töten. Er fängt sie im Netz, und wenn ungefähr sechs Millionen unschuldiger Fliegen im Netz sind, die durcheinanderkriechen und um Hilfe schreien, bindet er das Netz zu und ertränkt alle in kochendem Wasser. Wie kann er nur?!
Ich muss drei Kilometer weit bis kurz vors Dorf gehen, bevor ich die Fliegen freilassen darf. Sonst werden sie in kochendem Wasser ertränkt. Ob die Leute im Dorf Fliegen wohl leiden

können? Außer mir gibt es niemanden, der die Fliegen leiden kann, und niemand ist daran interessiert, mir bei ihrer Rettung zu helfen. Ich fragte Allan, der ein zufälliges Sommerkind ist. »Sei doch nicht so dumm«, sagte er. »Du weißt doch, dass ich mich nur für Tiere interessiere, die schon tot sind. Dann beerdige ich sie.«

»Und was ist mit toten Fliegen?«, fragte ich. »Kriegen die einzelne Gräber, oder kommen sie alle ins selbe?« Er starrte mich nur an und sagte noch einmal: »Du bist dumm.«

Allan hat fünf Friedhöfe voller Kreuze, und er sammelt tagaus, tagein lauter Leichen und geht allen auf die Nerven.

Außer mir ist Fanny die Einzige, die ihm hilft. Leichen finden ist ihre Stärke, und sie reiht sie jeden Morgen auf der Treppe auf. Eine Reihe schöner Steine, eine Reihe Schnecken und eine Reihe Leichen.

Allan wagt es nicht, schwimmen zu lernen, und spielen kann er auch nicht. Bald fährt er wieder weg, und das ist nur gut. Eine Beerdigung kann ab und zu ganz interessant sein, aber nicht die ganze Zeit.

Seine Friedhöfe werde ich aber trotzdem manchmal abends besuchen und dort einen Psalm singen oder mein Beerdigungsgedicht aufsagen, man muss nämlich die Tradition pflegen, sagt Papa.

90

# DIE TANTE, DIE EINE IDEE HATTE

Woche um Woche saß die Tante vor Kallebisins Haus und zementierte eine Steintreppe. Die Treppe wuchs sehr langsam. Sie musste von einmaliger Schönheit werden und durfte an keine einzige andere Treppe auf der ganzen Welt erinnern. Das war das Geschenk der Tante an uns, weil sie in der Dachkammer wohnen durfte.

Mit jedem Tag wachte sie früher auf. Wir konnten sie sehr lange die Treppe herunterknarren hören, da sie so große Angst davor hatte, uns zu wecken. Dann schob sie genauso vorsichtig draußen vor der Veranda ihre Eimer und Steine hin und her. Ab und zu ein sehr leises Klappern, es scharrte ein wenig und rumste und plätscherte, und schließlich waren wir hellwach und lagen da und warteten auf das nächste vorsichtige Geräusch.

Manchmal knarrte sie über die Veranda, um etwas zu holen, das sie vergessen hatte, dann öffnete sie die Tür einen Spaltbreit, legte den Finger an die Lippen und flüsterte: »Schlaft ruhig weiter! Pssst – pssst! Ihr braucht euch gar nicht um mich zu kümmern!«

Und dann lächelte sie geheimnisvoll und traurig. Sie war lang und mager und hatte ängstliche, eng zusammenstehende Augen, und überhaupt befand sie sich im schwierigen Alter. Warum sie es schwer hatte, das konnte niemand sagen, aber auf jeden Fall war es sehr schlecht um sie bestellt, und die Treppe war das Einzige, was sie interessierte. Daher bewunderten wir die Treppe auch sehr.

Wenn wir auf die Veranda herauskamen, rief die Tante: »Nein neineinein, wartet noch ein wenig, wartet noch ein wenig!« Sie fuhr hoch und begann ein großes Brett anzuschleppen und legte das eine Ende auf die Türschwelle und das andere auf eine Kiste. Während wir auf das Brett hinausbalancierten, machte sie ein erschrockenes Gesicht und rief flehentlich: »Es ist ganz frisch zementiert! Es ist noch nass! Bitte seid so lieb und versucht, nicht danebenzutreten!«

Dann hob Papa das Brett weg, damit die Tante wieder weiterzementieren konnte, und sie bedankte sich viel zu sehr bei ihm, weil er ihr geholfen hatte.

Tag für Tag lag sie so auf den Knien und fügte Steine ein, ringsum standen Eimer und Dosen mit Zement, Wasser, Sand, Lumpen, Spachteln, kleinen Stäben und Schaufeln. Die Steine mussten alle gleichmäßig groß sein und eine schöne Farbe haben. Sie waren nach einem sehr raffinierten Prinzip in Häufchen angeordnet und durften nicht durcheinandergebracht werden. Die kleinsten Steine waren rot oder weiß und lagen für sich in einer besonderen Schachtel.

Die Tante zementierte, überlegte, fuchtelte mit den Werkzeugen, irrte sich und überlegte noch einmal, manchmal saß sie auch nur da und schaute.

Mit der Zeit begannen wir durchs Kammerfenster aus- und einzugehen, allerdings nur heimlich. Einmal ließ Mama ein wenig Wasser überschwappen, als sie die Eimer übers Brett hinaustrug, und dabei wurde ein sehr wichtiger Teil der Zementierung zerstört. Ab da beförderten wir auch die Wassereimer durch das Fenster ins Haus.

Ich wusste, dass man der Tante nicht helfen durfte, sie wollte allein spielen, also stand ich nur daneben und sah zu.

Inzwischen hatte sie sich die kleinen roten und weißen Steine vorgenommen und sie in einer langen Reihe in den Zement gesteckt. Die Steinchen sollten einen Sinnspruch ergeben. Jedes Mal wenn eines der Steinchen in die falsche Lage kam, wimmerte die Tante vor sich hin.

»Macht das Spielen dir denn keinen Spaß?«, fragte ich.

Sie begriff nicht, was ich meinte. »Es ist sehr schwierig!«, sagte sie. »Du darfst nicht zuschauen!« Da verzog ich mich.

Die Tante hatte sich vorgestellt, dass »Möge der Friede unter dieser Schwelle wohnen« auf der Treppe stehen sollte, sie vergaß jedoch, Maß zu nehmen. Als sie daher endlich das Ende der letzten Treppenstufe erreicht hatte, war für die Schwelle kein Platz mehr. Jetzt stand nur noch »Schwe« da.

»Du hättest es vorher ausmessen müssen«, sagte Papa. »Und mit einer Schnur, damit es gerade wird. Ich hätte es dir zeigen können.«

»Hinterher ist das leicht gesagt!«, rief die Tante. »Wahrscheinlich ist euch die ganze Treppe sowieso egal! Ich weiß genau, dass ihr durchs Fenster hineingeht, nur um mir zu zeigen, dass ich im Weg bin!«

»Wo zum Teufel sollen wir denn sonst hineingehen, bei all deinen Bottichen und Töpfen!«, sagte Papa.

Da begann sie zu weinen, und Papa blieb mit betroffenem Gesicht stehen und sagte: »Hol's der Henker, hol's doch der Henker!«

Die Tanten-Treppe wurde nie richtig fertig. Die Tante verlor die Lust und verfrachtete alle ihre Sachen stattdessen hinauf auf den Felsen, um ihre Steine dort in den großen Gumpen einzuzementieren. Das Brett über der Treppe wurde entfernt. Doch das Loch, wo sie zu weinen angefangen hatte, das blieb in der Treppe und sah uns an.

Den ganzen folgenden Tag leerte die Tante den großen Gumpen

mit einem Eimer aus. Als sie auf den Grund kam, lieh sie sich die Schöpfkelle aus. Dann nahm sie eine Kaffeetasse und einen Schwamm. Aber ganz unten im Schlamm wohnten Wusler und Kribbler, vor denen die Tante sich fürchtete und die ihr leid taten. Während sie das Kleinzeug herausholte, schrie sie fast vor Entsetzen, aber es musste ja getan werden, also trug die Tante sie den ganzen Tag lang zu einem anderen Gumpen hinüber, und ab und zu stellte sie die Kaffeetasse ab und steckte die Arme ins Wasser und wedelte sie anschließend trocken, während ihre Tränen ins Meer tropften.

Als der Gumpen ganz leer war, reihte sie unten auf dem Grund Steine aneinander und zementierte sie fest. Sie drehte und wendete jeden Stein hin und her, in der Hoffnung, dass er passen würde, aber es ging nicht. Sie versuchte es mit einem Stein nach dem anderen, aber keiner schien passen zu wollen. Dann sah sie mich hinterm Holzstapel stehen. »Du sollst nicht zuschauen!«, schrie sie. Also verzog ich mich wieder.

Die Tante suchte in den Buchten nach neuen Steinen, aber sie hatten alle entweder die verkehrte Farbe oder die falsche Form. Und das Schwierigste war, die Steine sauber zu bekommen, nachdem sie endlich festsaßen. Die Tante wusch sie und rieb sie trocken und befeuchtete den Lumpen immer wieder aufs Neue, aber jedes Mal wenn die Steine trocken waren, waren sie trotz allem von einem grauen Zementschleier überzogen, und dann musste sie wieder von Neuem anfangen. Und im Winter fror der ganze Gumpen bis auf den Grund hinunter zu, und alles zerbarst. Es ist schwierig, eine Tante zu sein.

Als sie im nächsten Sommer wiederkehrte, hatte ich die größten Befürchtungen, dass es ihr wieder schlecht gehen könnte. Wir hatten das Loch in der Treppe mit Sand aufgefüllt und etwas Milch in den großen Gumpen geschüttet, damit sie nicht entdeckte, wie der Grund aussah. Aber die Tante interessierte sich überhaupt nicht mehr fürs Zementieren. Stattdessen hatte sie einen dicken Koffer dabei, in dem sich lauter Alben voller Albumbildchen befanden, die sie im Wäschezuber einweichte. Dann pulte sie sämtliche Albumbildchen ab und breitete sie zum Trocknen draußen vor dem Haus aus. Es war ein ruhiger, schöner Sonntag, die Wiese vor dem Haus war übersät mit zahllosen Rosen und Engeln, die Tante war wieder froh und hatte eine neue Idee. Anschließend bügelte sie die Albumbildchen in der Küche und trug sie alle wieder in die Dachkammer hinauf. Es war eine große Erleichterung, dass sie froh war!

»Das hier scheint doch etwas besser zu sein«, sagte Mama.

Aber Papa sagte: »Meinst du? Na ja. Ich sage wie immer nichts.«

Und die Tante begann Schachteln zu kleben. Sie saß oben in ihrer Dachkammer und klebte kleine Schachteln mit zahlreichen kleinen Fächern darin, und diese Schachteln beklebte sie sowohl innen als auch außen mit Albumbildchen. Die Albumbildchen blieben sofort haften, sie brauchten nicht einmal angepasst zu werden, da die Tante sie einfach übereinander klebte.

Die ganze Dachkammer war voller Papier und Kleistertöpfe und Schachteln und großer Haufen Albumbildchen, die man nicht berühren durfte. Die Tante saß inmitten des ganzen Durcheinanders und kleisterte und klebte, bis der Papierwust ihr bis an die Knie reichte. Aber sie legte nichts in die Schachteln, und sie verschenkte sie auch nicht.

»Müssen die Schachteln immer leer bleiben?«, fragte ich.

Die Tante sah ihre Schachteln an und antwortete nicht. Ihr langes Gesicht sah verängstigt und bekümmert aus, und in ihren Stirnfransen hing ein Albumbildchen.

Die Tante begann mir auf die Nerven zu gehen, weil sie nicht froh war. Ich kann keine Leute leiden, die es schwer haben. Das flößt mir ein schlechtes Gewissen ein, und dann werde ich wütend und finde, dass sie besser woanders hingehen sollten.

Aber Großmutter hatte die Tante gern, weil sie eine gute Kundin in Großmutters Knopfladen gewesen war, und außerdem hatten sie im Winter immer zusammen Allers Familienjournal gelesen. Großmutter hatte ebenfalls Schachteln voller Fächer, aber sie legte wenigstens Knöpfe hinein. Solange das Geschäft mit den Knöpfen blühte, lag jede Knopfsorte für sich, doch als der Laden Pleite machte, landeten sämtliche Knöpfe in den verkehrten Fächern, und so war es eigentlich viel lustiger.

Bevor die Polizei kam, gelang es Großmutter, zahlreiche Knopfschachteln unter ihren Röcken zu verstecken, genau wie damals im Freiheitskrieg, als sie Waffen darunter versteckt hatte. Außerdem rettete sie viele Hundert Kilo Allers Familienjournal, Porzellanhunde, Nadelkissen aus Samt, eine Partie Schlafmützen und mehrere Seidenbänder, und dann seufzte sie und sagte: »Ach, ach, es ist ein Kreuz« und trug alles in Papas und Mamas Atelier hinauf.

Mama versteckte den Stapel mit Allers Familienjournal, aber Großmutter und ich kramten ihn wieder hervor, vor allem wegen der Seite mit den Tragischen Ereignissen. Eine junge Hexe wird zum Scheiterhaufen geführt. Der Tod einer Heidin.

Und anschließend wurde jede Zeitschrift insgeheim für die Tante aufgehoben. Großmutter und die Tante pflegten sie heimlich im Schlafzimmer zu lesen.

Einmal kam die Tante am allerschlimmsten Tag, den sie sich hätte aussuchen können, um Allers Familienjournal zu lesen. Es war einer jener Tage, an dem Papa alles fürs Gipsgießen vorbereitet hatte. Und das war eine große und schwierige Sache, die in vielen Einzelschritten vor sich gehen musste.

Der Gips war schon fertig gemischt, jetzt ging es um Sekunden, da darf man den Gips nicht berühren und kaum atmen. Ich hätte es nicht im Traum gewagt, zu diesem Zeitpunkt das Atelier zu betreten. Papa und Mama standen bereit, sie hatten ihre Gipskleider an, und der ganze Fußboden war mit Packpapier bedeckt.

Und in diesem Augenblick platzte die Tante herein und rief: »Hallo, hallo! Wie ich sehe, wird hier etwas Großes vorbereitet. Lasst euch nur nicht durch mich stören!«

Ich stand hinterm Vorhang und schielte ins Atelier. Die Tante trabte geradewegs auf die Gipsschüssel zu, steckte den Finger hinein und sagte »Gips! Wenn das kein Zufall ist, ausgerechnet jetzt, wo ich mich besonders für Gips interessiere!«

Mama sagte: »Wir arbeiten.« Und Papa machte ein mörderisches Gesicht. Ich erschrak so sehr und wurde so verlegen, dass ich in mein Regal hinaufturnte. Bestimmt würde Papa die Tante jetzt mit Lehm bewerfen, das tut er nämlich, wenn er zornig ist. Aber das Einzige, was ich hörte, war das weiche Klatschen von nassem Gips, demnach hatten sie trotz allem mit dem Gipsgießen begonnen. Die Tante redete die ganze Zeit, ohne zu begreifen, dass sie ein fast heiliges Unternehmen störte. Großmutter streckte kurz die Nase aus dem Schlafzimmer und machte ein erschrockenes Gesicht, dann verzog sie sich rasch wieder. Allmählich wagte ich mich wieder hinunter, und da hatte die Tante einen Gipserkittel übergestreift bekommen und stand am Fenster, beide Hände in einer kleinen Gipsschüssel.

»Jetzt wird er fest!«, rief sie. »Was soll ich jetzt tun?«

Und Papa kam zu ihr her und klopfte ihr nicht auf den Kopf, sondern zeigte ihr, was sie tun sollte. Ich sah Mama an. Sie verzog das Gesicht und zuckte die Schultern. Die Tante hatte ein Bild aus Allers Familienjournal ausgeschnitten und es mit dem Gesicht nach unten auf eine Untertasse gelegt.

»Hast du den Teller ordentlich eingefettet?«, fragte Papa streng.

»Ja, natürlich«, antwortete die Tante. »Genau wie du gesagt hast.«

»Na, dann gieß den Gips jetzt drauf«, sagte Papa. »Aber berühr ihn nicht.«

Die Tante goss Gips in die Untertasse, und Papa nahm den Spachtel und strich das Ganze glatt. Dann sagte er: »Brauchst du auch einen Haken?«

»O ja«, flüsterte die Tante und war so glücklich, dass sie die Luft anhielt. »Es soll an der Wand hängen.«

Papa schnaubte, ging zur Drahtrolle und knipste ein Stück Draht ab. Er machte eine Art Öse daraus und steckte sie am einen Rand in den Gips. »Jetzt rührst du es nicht an«, sagte er. »Es muss trocknen.«

»Wie lieb von dir«, hauchte die Tante mit Tränen in den Augen. »Ich komme morgen wieder und bringe meine Albumbilder mit. Das wird noch schöner.«

Und das tat sie auch!

Während des ganzen Gipsgießens stand die Tante an der Arbeitsbank, legte Albumbilder in die Untertasse, goss Gips darauf und steckte eine Öse ins eine Ende, genau wie Papa es ihr beigebracht hatte. Auf der Bank waren viele runde Gipsbilder nebeneinander aufgereiht, ein jedes mit einem großen, glänzenden Albumbild in der Mitte. Es wölbte sich anmutig über dem kreideweißen Gips und war absolut fleckenlos, die Tante wurde nämlich immer geschickter.

Sie war außer sich vor Glück. Großmutter kam herein und äußerte ihre Bewunderung. Die Tante schenkte uns allen je ein Bild und hängte Papas Bild an die Atelierwand.

Ich wusste nicht, was ich davon halten sollte. Die Gipsbilder waren wirklich das Schönste, was ich je gesehen hatte, aber Kunst waren sie nicht. Man konnte sie nicht respektieren, das durfte man nicht. Eigentlich musste man sie verachten. In Papas Atelier Gipsbilder mit Albumbildern zu machen, das war unmöglich, und außerdem noch während des Gipsgießens!

Das Allerschlimmste war, dass die Tante die Skulptur, die schließlich fertig dastand, um retuschiert und mit Patina versehen zu werden, keines Blickes würdigte, sie redete nur von ihren eigenen Bildern. Die ganze Arbeitsbank war voll davon, und es sah aus wie in einer Konditorei.

Schließlich bekam sie eine große Tüte mit Gips, sämtliche Bilder wurden in Pappschachteln verstaut, die Tante nahm alles mit und verschwand.

»Welch eine Erleichterung«, sagte Mama und begann den Boden zu schrubben. »Jetzt kannst du es abhängen.«

Papa nahm die Gipsplakette von der Wand, sah sie an und schnaubte. Ich sah ihm zu und dachte, jetzt muss ich meine auch abhängen. Ich wartete darauf, was er tun würde. Eine ganze Weile hielt er sie über den Mülleimer. Dann ging er zum Bücherregal hinüber und steckte die Plakette ganz oben hinter ein paar frühe Kleinplastiken. So war nur noch ein Eckchen von einem Albumbild zu sehen.

Ich kletterte auf mein Regal hinauf und nahm meine Albumbildplakette von ihrem Nagel. Dann steckte ich sie hinter einen Kerzenhalter im Bücherregal, trat einen Schritt zurück und schaute. So war kaum etwas von ihr zu sehen. Also zog ich das Bild ein bisschen weiter hervor, gerade so viel, dass der Kerzenhalter nur ein paar Vergissmeinnicht verbarg. Die Albumbildplakette war tatsächlich sehr schön, das ließ sich nicht leugnen, und bei mir entweihte sie, streng genommen, nichts.

# DER TÜLLROCK

Ich drehte den Schlüssel um und wartete. Nach einer Weile ging die Tür von alleine auf, sehr langsam, als ob jemand im Wandschrank sie aufgepresst hätte. Und dann quoll der schwarze Tüllrock heraus, und die Tür blieb offen stehen. Ich wiederholte es einige Male. Jedes Mal öffnete Mamas Tüllrock aus dem Svartvarumagazin in der Mikaelsgata die Tür, als ob er lebendig wäre.

Der Rock ist ein Festrock, der nie benützt wird, oder vielmehr zehn oder hundert durchsichtige Feströcke übereinander, ein schwarzer Berg aus Tüll, eine große Regenwolke oder vielleicht eine Beerdigung.

Ich kroch in den Wandschrank und unter den Rock und schaute in ihm hinauf, und jetzt war er ein Aufzugsschacht, der im Dunkeln verschwand. Ich zog ein wenig an seinem Saum. Da glitt der Rock mit schwachem Rascheln über mich herab. Ich hörte den Kleiderbügel schaukeln und quietschen. Lange Zeit saß ich ganz still und versteckte mich. Dann kroch ich aus dem Wandschrank, und der Rock kam mit.

Ich setzte meinen Weg durch den Flur fort, in eine Regenwolke eingehüllt, die rings um mich her rauschte und murmelte. Ich war allein zu Hause.

Als ich ins Atelier kam, lichtete sich die Wolke ein wenig, und ich konnte die Beine der Skulpturen und der Gerüste sehen, aber alles war grauschwarz wie bei einer Sonnenfinsternis. Jede Farbe war verdunkelt und trug einen Trauerschleier, und das Atelier war ein neues Atelier, in dem ich bisher noch nie gewesen war. Ich kroch weiter. In dem Rock war es heiß, und manchmal sah ich überhaupt nichts. Da begann ich in eine andere Richtung zu kriechen, und Tunnels aus schwarzem Licht taten sich auf, und die ganze Zeit prasselte es, als würde es regnen.

Ich kroch geradewegs auf Papas großen Arbeitsspiegel zu, der an die Gipskiste angelehnt auf dem Boden stand. Ein großes, schwarzes, weiches Tier kam auf mich zugekrochen.

Vorsichtshalber hielt ich an. Das Tier war ganz formlos, eines von diesen Wesen, die sich ausbreiten, die unter die Möbel kriechen oder zu einem schwarzen Nebel werden, der immer dichter und dichter wird, bis er einen als klebrige Masse von allen Seiten her umschließt und sich nicht mehr entfernen lässt.

Ich ließ das Tier etwas näher kommen und eine Hand ausstrecken. Die Hand kroch über den Boden und wurde hastig wieder eingezogen. Das Tier kam noch näher. Plötzlich erschrak es und sprang rasch zur Seite, dann hielt es still. Jetzt hatte ich Angst. Ich ließ es nicht aus den Augen. Es bewegte sich so sachte, dass man nicht sah, ob es einem entgegenkam oder nicht. Nur ab und zu veränderte sich ein Umriss, und der schwarze Bauch strich über den Zementboden. Das Atmen fiel mir schwer. Ich wusste, dass ich weglaufen und mich verstecken musste, konnte es aber nicht. Jetzt hüpfte es wieder schräg zur Seite, an die Wand hin, und war nicht mehr zu sehen. Es befand sich in dem Gerümpel hinter den Modellierböcken und konnte jederzeit wieder auftauchen.

Inzwischen war es im Atelier dämmrig geworden. Ich wusste, dass ich selbst dieses Tier herausgelassen hatte und dass ich es nicht mehr einfangen konnte.

Sehr langsam kroch ich auf die Wand zu und begann am Bücherregal entlangzurutschen. Ich erreichte den Vorhang und kroch weiter unter die Arbeitsbank. Dort war es eng. Immer mehr Tüll kam mir ins Gesicht, in die Augen und in den Mund, und je weiter hinein ich kam, desto schlimmer wurde es.

Schließlich steckte ich fest. Ich hatte mich in einen Kokon aus schwarzem Tüll eingesponnen, der nach Puder und Staub roch, jetzt befand ich mich in Sicherheit. Ich würde erst in einem Jahr wieder herauskommen und um mich schauen und entscheiden, ob es sich lohnte, draußen zu bleiben. Wenn es keinen Sinn hätte, würde ich wieder in den Kokon hineinkriechen und vorläufig drinbleiben.

Draußen im Atelier ging das große Tier auf Jagd. Es vermehrte sich und wurde zu vielen Tieren. Die Tiere schnupperten und witterten und warfen lange Schatten über den Boden. Sie riefen einander zu und wurden dabei immer zahlreicher, bis das Zimmer voll von ihnen war. Sie rieben sich an den Beinen der Skulpturen. Sie huschten ins Schlafzimmer hinein und sprangen auf die Betten, wo ihre Füße tiefe Abdrücke hinterließen.

Schließlich setzten sie sich alle ins Atelierfenster, blickten auf den Hafen hinaus und begannen lautlos zu heulen.

Da begriff ich, dass sie ungefährlich waren. Sie hatten die anderen Tiere auf Högholmen heulen hören. Sie konnten Högholmen wie einen Schatten jenseits des Eises liegen sehen, daher gerieten sie außer sich. Das war etwas grenzenlos Trauriges – eine dunkle Insel voller Schnee und kalter Käfige mit Tieren, die darin auf und ab gingen, auf und ab, und nur heulten.

Ich kroch rückwärts unter der Arbeitsbank hervor und merkte, dass ich Mamas Festrock über dem Kopf hatte und dass lauter Staubröllchen in dem Rock hingen; schnell schüttelte ich ihn von mir ab und rannte durch die Wohnung und machte überall Licht an. Ich machte im Atelier, im Salon und im Schlafzimmer

Licht und riss mehrere Fenster auf, ich hatte schrecklich viel zu tun, ich öffnete die Flurtür, zog den Vorhang beiseite, kletterte auf Stühle und öffnete die Klappen der Kachelöfen, und die ganze Zeit hoppelten hundert schwarze Tiere aus allen Richtungen an mir vorbei.

Ein heftiger Durchzug entstand und blies direkt vom Hafen durch alle Zimmer ins Treppenhaus hinaus, und immer mehr Tiere rannten hinaus, bis kein einziges mehr da war. Sie lachten beim Hinausrennen.

Schließlich war es ganz still, und ich dachte, oje, oje, alles muss man selbst machen. Aber das ist jetzt wenigstens erledigt.

Ich stopfte Mamas Festrock in den Wandschrank und sperrte ihn dort ein. Dann ging ich in den Salon und sah die Schneewehe an. Sie lag sehr schön in einer langen Kurve auf dem Fußboden und wuchs sachte. Der Schnee trieb flüsternd zum Fenster herein. Auf Högholmen hatten alle Tiere sich beruhigt und aufgehört zu heulen, da sie ja nun Gesellschaft bekommen hatten. Die Vorhänge flatterten, und ein paar Zeichnungen an den Wänden hoben sich leicht im Wind. Das Zimmer war kalt und hatte ein neues Aussehen angenommen, ich hatte ein ruhiges Gefühl und fand, dass ich alles recht gut wieder in Ordnung gebracht hatte. Eigentlich hatte ich nur das getan, was eigentlich jeder anständige Mensch tun müsste. Ich meine: das Gefährliche herauslassen, das kann jeder, aber der Trick besteht darin, es anschließend irgendwo unterzubringen.

# DER SCHNEE

Als wir bei dem fremden Haus ankamen, begann der Schnee auf eine ganz neue Art zu fallen. Mengen von müden, alten Wolken öffneten sich über uns und ließen den Schnee einfach völlig unkontrolliert herunterstürzen. Es waren keine normalen Schneeflocken, sie fielen in großen, zusammengekleisterten Fladen herab, sie klammerten sich aneinander und sanken rasch zu Boden, und sie waren nicht weiß, sondern grau. Die Welt war schwer wie Blei.

Mama trug die Koffer herein und stampfte auf dem Fußabtreter und redete pausenlos, es gefiel ihr, dass alles hier so anders war. Aber ich sagte nichts, mir gefiel das fremde Haus nämlich nicht. Ich stand am Fenster und sah zu, wie der Schnee fiel und dass es nicht der richtige Schnee war. Der Schnee war nicht so wie in der Stadt. Dort bläst er schwarzweiß übers Dach oder fällt in himmlischer Ruhe und erzeugt schöne Bögen überm Salonfenster. Die Landschaft war ebenfalls gefährlich. Sie war nackt und offen und verschlang sämtlichen Schnee, und die Bäume standen in schwarzen Reihen, die im Nichts endeten. Am Rande der Welt lag ein schmaler Waldrand. Alles war falsch. Im Winter hat man in der Stadt zu sein und im Sommer auf dem Land. Wir waren auf die verkehrte Seite geraten.

Das Haus war groß und leer, es hatte viel zu viele Zimmer. Alles war sehr sauber, und die Teppiche waren groß und weich wie Felle, sodass man seine eigenen Schritte nicht hörte.

Wenn man im allerhintersten Zimmer stand, konnte man all die anderen Zimmer hintereinander sehen, und das erzeugte ein melancholisches Gefühl, wie auf einem Bahnsteig. Das allerhinterste Zimmer war dunkel wie in einem Tunnel, bis auf die schwach schimmernden Goldrahmen und den sanft funkelnden Spiegel, der zu hoch hing. Alle Lampen waren mild und diffus und verbreiteten einen sehr kleinen Lichtkreis. Und wenn man rannte, war überhaupt nichts zu hören.

Draußen war es genauso – weich und verschwommen, und der Schnee, der nicht zu fallen aufhörte.

Ich fragte, warum wir eigentlich in dem großen Haus seien, erhielt aber keine befriedigende Antwort.

Die Person, die das Essen kochte, ließ sich fast nie blicken und sprach nichts. Unmerkbar huschte sie herein und dann wieder hinaus. Die Tür fiel geräuschlos hinter ihr zu und schwang, bevor sie endgültig zu war. Ich drückte meine Ablehnung dem Haus gegenüber dadurch aus, dass ich schwieg. Ich sagte nichts.

Am Nachmittag wurde der Schnee immer grauer, er kam in Schwaden angetrieben, blieb an den Fensterscheiben kleben und rann dann hinab, worauf neue Schwaden aus der Dämmerung auftauchten und dasselbe taten. Sie kamen mir vor wie graue Hände mit hundert Fingern. Ich versuchte einer einzelnen mit dem Blick zu folgen, sie nicht aus den Augen zu lassen, während sie sank, sie breitete sich aus und fiel, schneller und schneller, ich starrte die nächste an, die fiel auch, und die nächste fiel, und die darauffolgenden fielen auch, und schließlich taten mir die Augen weh, und ich bekam Angst.

In sämtlichen Zimmern war es heiß, es waren genügend Zimmer da für ganze Scharen von Menschen, aber wir waren nur zu zweit. Ich sagte nichts.

Mama war glücklich, sie lief durch die Zimmer und rief: »Welch ein Friede! Und überall so schön warm!« Dann setzte sie sich an einen großen glänzenden Tisch und begann zu zeichnen. Sie entfernte die Spitzendecke, breitete ihre Illustrationen aus und öffnete das Tuschefass.

Da ging ich die Treppe hinauf. Die Treppe knackte und knarrte und gab eine Menge Geräusche von sich, wie Treppen es eben an sich haben, wenn eine Familie sehr lange auf ihnen hinauf- und hinabgegangen ist. Das ist gut so, genauso muss es sein. Man weiß genau, welche Stufen knarren und welche nicht, und wo man hintreten soll, wenn man nicht gehört werden will. Das Einzige, was ich daran auszusetzen hatte, war, dass es nicht unsere Treppe war. Es war eine fremde Familie gewesen, die hier hinauf- und hinabgegangen war. Daher war mir die Treppe unheimlich.

Im oberen Stock brannten sämtliche Lampen überall genauso sanft wie unten, alle Zimmer waren warm und aufgeräumt, und die Türen standen offen. Nur eine einzige Tür war zu. Dahinter war es kalt und dunkel, dort befand sich der Speicher. Hier lagen die Sachen der anderen Familien in Truhen und Kisten, die Mottensäcke hingen in langen Reihen und waren oben leicht verschneit.

Jetzt hörte ich den Schnee. Er fiel die ganze Zeit, weich und drohend, er flüsterte und raschelte vor sich hin, und in der einen Ecke des Speichers war er auf den Boden hereingekrochen.

Hier oben war die andere Familie so stark spürbar, dass ich die Speichertür schloss, wieder hinunterging und sagte, dass ich schlafen wolle. Eigentlich wollte ich überhaupt nicht schlafen, aber ich fand es besser so. Dann brauchte ich nichts zu sagen.

Das Bett war breit und leer, genau wie die Landschaft ringsum. Die Bettdecke war wie eine Hand. Man sank und sank unter einer großen, weichen Hand bis an den Grund der Welt. Nichts war wie zu Hause, so wie hier war es nirgends.

Am nächsten Morgen schneite es unverändert weiter. Mama war mit der Arbeit gut vorangekommen und war vergnügt. Sie brauchte nicht zu heizen, kein Essen zu kochen und sich um niemanden Sorgen zu machen. Ich sagte nichts.

Ich begab mich in das allerhinterste Zimmer und begann den Schnee zu bewachen. Ich hatte eine große Verantwortung und musste genau wissen, was er tat. Seit gestern war er gestiegen. Tausend Tonnen nassen Schnees waren die Scheiben hinuntergerutscht, man musste auf einen Stuhl hinaufklettern, um die lang gestreckte graue Landschaft sehen zu können. Draußen war der Schnee ebenfalls gestiegen. Die Bäume waren dünner und ängstlicher geworden, und der Horizont hatte sich weiter nach hinten verzogen. Ich beobachtete das alles, bis mir klar geworden war, dass wir bald geliefert sein würden.

Dieser Schnee war fest entschlossen, so lange zu fallen, bis alles zu einer einzigen, großen, nassen Schneewehe geworden sein und niemand mehr wissen würde, was sich dahinter befand. Alle Bäume, alle Häuser würden versinken. Keine Straßen, keine Spuren, nur der Schnee, der fiel und fiel und fiel.

Ich ging auf den Speicher hinauf und hörte, wie er kam, wie er sich festsaugte, sich niederließ und wuchs. Ich konnte an nichts anderes mehr denken als an den Schnee.

Mama zeichnete.

Ich baute mir ein Haus aus den Sofapolstern und sah Mama ab und zu durch ein Guckloch zwischen den Polstern an. Sie fühlte es und fragte: »Geht's dir gut?« während sie weiterzeichnete. Und ich antwortete: »Ja, ja.«

Dann kroch ich auf allen vieren ins hinterste Zimmer, kletterte auf den Stuhl und sah, wie der Schnee auf mich zusank. Inzwischen hatte sich der ganze Horizont unter den Rand der Welt verkrochen. Der Waldrand war nicht mehr zu sehen, er war nach unten gerutscht. Die Welt war gekentert, sie kippte sacht, jeden Tag ein Stückchen mehr –.

Die Idee war atemberaubend. Langsam, langsam drehte sich die von Schnee beschwerte Welt. Die Bäume und Häuser standen nicht mehr aufrecht. Sie standen schief. Mit der Zeit würde es schwierig werden, aufrecht zu gehen. Die Erdbewohner würden kriechen müssen. Wenn sie vergessen hätten, ihre Fenster einzuhängen, würden die von selbst aufgehen. Die Türen würden aufkippen. Die Regentonne würde umkippen, über den endlosen Acker rollen, über den Rand der Welt hinaus. Die ganze Welt war voller Sachen, die umherrollen, gleiten und fallen würden. Die großen Sachen würden angedonnert kommen, man würde sie schon von Weitem hören, es käme nur darauf an zu berechnen, wo sie entlangpoltern würden, um ihnen rechtzeitig aus dem Weg kriechen zu können – dann würden sie kommen, vorbeidröhnen, durch den Schnee holpern, wenn der Neigungswinkel der Welt zu groß würde, und schließlich ins Weltall hinausfallen. Kleine Häuser ohne Keller würden sich losreißen und davonwirbeln. Der Schnee würde nicht mehr fallen, sondern horizontal fliegen. Er würde nach oben fliegen und verschwinden. Alles, was sich nicht festhalten könnte, würde in den Weltraum hinauskullern, und der Himmel würde allmählich dunkel und schließlich schwarz werden.

Drinnen im Haus war der Fußboden zu einer Wand geworden, und alle Teppiche lagen in einem weichen Wall unter den Fenstern. Wir krochen unter den Möbeln zwischen den Fenstern durch und hüteten uns davor, auf die Glasscheiben zu treten. Manchmal allerdings löste sich ein Bild oder ein Kerzenhalter von der Wand und fiel herunter und zerschmetterte eine Scheibe. Das Haus ächzte, und der Putz löste sich. Und draußen donnerten große, schwere Sachen vorbei, sie kamen durch ganz

Finnland angerollt, von oben aus Rovaniemi, der nasse Schnee, der an ihnen haften geblieben war, während sie davonrollten, machte sie noch schwerer, und manchmal kamen Menschen vorbeigefallen und schrien dabei.

Der Schnee auf der Erde kam ins Rutschen. Er glitt in einer riesigen Lawine davon, die über den Rand der Welt hinauswuchs, … o nein, nein!

Ich wälzte mich auf dem Teppich hin und her, um das Entsetzen zu vergrößern, schließlich sah ich, wie die Wand sich auf mich zuneigte und die Bilder von ihren Haken kippten.

»Was machst du?«, fragte Mama.

Da blieb ich ganz still liegen und sagte nichts.

»Soll ich dir eine Geschichte erzählen?«, fragte sie und zeichnete weiter.

Aber ich wollte keine andere Geschichte hören als meine eigene. So etwas kann man allerdings nicht sagen. Also sagte ich: »Komm mit und sieh dir den Speicher an.«

Mama rieb die Tuschefeder trocken und kam mit. Wir standen ein Weilchen auf dem Speicher und froren, dann sagte Mama: »Hier ist es so einsam«, also kehrten wir wieder in die Wärme zurück, und Mama vergaß zu erzählen. Dann ging ich ins Bett.

Am nächsten Morgen war das Licht grün, das ganze Zimmer war von Unterwasserlicht erfüllt. Mama schlief. Ich stand auf und öffnete die Tür und sah, dass in sämtlichen Zimmern die Lampen brannten, obwohl es Morgen war, und das grüne Licht entstand durch den Schnee, der alle Fenster bis oben hin bedeckte. Jetzt war es passiert.

Das Haus war eine einzige große Schneewehe, die Erdoberfläche lag irgendwo hoch überm Dach. Bald würden auch die Bäume sich im Schnee verkriechen, bis nur die Wipfel herausschauten, dann würden auch die Wipfel verschwinden, und alles würde flach und eben werden. Ich sah es vor mir, ich wusste Bescheid. Da gab es kein Entrinnen.

Mir war sehr feierlich zumute, ich wurde ganz ruhig und setzte mich auf den Teppich vor dem Feuer im Kamin.

Mama war aufgewacht. Sie kam heraus und sagte: »Schau mal, wie komisch das aussieht mit dem Schnee vor den Fenstern«, sie begriff nämlich nicht, wie ernst die Lage war. Nachdem ich ihr erzählt hatte, was tatsächlich geschehen war, wurde sie sehr nachdenklich. »Eigentlich«, sagte sie nach einer Weile, »haben wir uns wie die Bären zum Winterschlaf in eine Höhle zurückgezogen. Niemand kann herein und niemand hinaus!« Ich sah sie prüfend an und begriff, dass wir gerettet waren. Endlich waren wir absolut sicher und geschützt. Der bedrohliche Schnee hatte uns für immer hier drinnen in der Wärme versteckt, und wir brauchten uns kein bisschen darum zu kümmern, was draußen geschah. Eine geradezu ungeheure Erleichterung erfüllte mich, ich rief: ichliebedich, ichliebedich, und nahm alle Polster und bewarf Mama damit und lachte und schrie, und Mama warf zurück, und schließlich lagen wir beide auf dem Teppich und lachten nur.

Dann begannen wir unser unterirdisches Leben. Wir wanderten im Nachthemd durchs Haus und machten nichts. Mama zeichnete nicht. Wir waren Bären, hatten uns den Magen mit Tannennadeln gefüllt und rissen alle in Stücke, die sich in die Nähe unserer Höhle wagten. Wir gingen äußerst verschwenderisch mit dem Holz um, warfen einen Scheit nach dem anderen in den Kamin, bis das Feuer beim Brennen dröhnte.

Manchmal brummten wir ein wenig. Die gefährliche Welt überließen wir sich selbst, sie war gestorben, war ins Weltall hinausgefallen. Mama und ich waren die Einzigen, die übrig geblieben waren.

Sie begannen beim hintersten Zimmer. Zuerst war ein bösartiges, scharrendes Geräusch wie von großen Schaufeln zu hören. Dann stürzte der Schnee vor dem Fenster herab und ließ überall graues Licht hereinströmen. Draußen stapfte jemand vorbei und kam ans nächste Fenster und ließ noch mehr Licht herein. Es war schrecklich.

Das scharrende Geräusch lief die ganze Fensterreihe entlang, bis die Lampen wie bei einer Beerdigung brannten. Draußen fiel der Schnee. Die Bäume standen unverändert schwarz in ihrer Reihe und fingen den Schnee auf, und der Waldrand war auch noch da. Wir zogen uns an. Mama setzte sich an den Tisch, um zu zeichnen.

Ein schwarzer Mann schaufelte draußen vor der Tür weiter, und plötzlich begann ich zu weinen und zu schreien: »Ich werd ihn beißen! Ich geh hinaus und beiße ihn!«

»Das ist unnötig«, sagte Mama. »Er würde es nicht verstehen.« Sie schraubte das Tuschefass wieder zu und fügte hinzu: »Vielleicht sollten wir doch wieder nach Hause fahren.«

»Ja«, sagte ich.

Und dann fuhren wir ab.

# RÖTELN

Ich hatte Röteln. Ich lag auf meinem Schlafregal und versuchte Topflappen zu häkeln. Die Bettdecke war eine Gebirgslandschaft mit kleinen Tieren aus Gips, die hinauf- und hinabwanderten und niemals ans Ziel kamen. Schließlich erzeugte ich ein Erdbeben, und da legten sie sich flach hin und brauchten nicht mehr weiterzuklettern.

Poppolino saß auf Papas Schlafregal in seinem Käfig und durchwühlte sein Zeitungspapier. Er nahm ein Blatt nach dem anderen in die Hand, ließ es dann wieder los, als ekle es ihn, starrte an die Decke und kratzte sich zerstreut am Hintern. Im Winterlicht leuchteten seine Augen sehr gelb.

Plötzlich erschrak er heftig vor seinem eigenen Schwanz, der unter den Zeitungen hervorschaute; er glaubte, sein Schwanz sei eine Schlange! Er schrie, fuhr blitzschnell in seinen Baum hinauf, warf sich gegen das Gitter und schüttelte den Käfig so heftig, dass eine Menge Putz herabfiel. Dann hockte er wieder still da und sah aus wie eine traurige Ratte mit einem sehr schmalen Rücken. Er zog seine lange Oberlippe herab, starrte geradeaus und ließ seine Hände einfach hängen, als hätte alles sowieso keinen Sinn. Dann schlief er ein.

Es war ein trostloser Tag. Ich drehte mich zur Pappwand um und schaute durch mein geheimes Guckloch ins Atelier hinunter. Mama war in der Banknotendruckerei, um dort zu zeichnen. Papa stand vor dem leeren Modellierbock und hielt die Tonklumpen in den Händen. Er warf sie auf die Tonkiste und drehte die Drehscheibe auf dem Modellierbock, bis sie zu quietschen begann. Dann trat er zurück und guckte.

Er drehte die Scheibe noch einmal, blieb dann wieder lange stehen und guckte. Dann trat er ans Fenster und blickte auf die Straße hinunter. Er stellte eine Schale anders hin, ging in den Salon und schaute auch dort zum Fenster hinaus. Dann holte er Wasser und goss den Efeu.

Ich legte mich auf die Seite und versuchte zu schlafen, doch das ging nicht. Nach einer Weile quietschte die Drehscheibe wieder. Dann hörte ich, dass Papa in den Salon zurückgekehrt war und mit den Münzen und Nägeln, die er in den Taschen seines Arbeitskittels hatte, klimperte. Er schaltete das Radio ein und setzte die Kopfhörer auf. Dann schaltete er es wieder aus und nahm die Kopfhörer ab.

Poppolino wachte auf und begann zu schreien. Er rüttelte am Käfig, presste das Gesicht zwischen die Stäbe und schrie, während er auf Papa im Salon hinunterblickte. Papa kam auf sein Regal herauf, setzte sich vor den Käfig und redete sehr sanft auf Poppolino ein, aber ich hörte nicht, was er sagte. Er öffnete die Käfigtür und versuchte, Poppolino das Halsband anzulegen. Aber Poppolino entwischte, machte einen Satz aufs Salonsofa hinunter und flitzte ins Atelier. Dann wurde es still.

Papa ging die Treppe wieder hinunter und rief nach Poppolino. Er rief mit freundlicher Sirupstimme, die mich sehr erboste. Jetzt waren sie also alle beide im Atelier.

Poppolino saß auf einer Gipsbüste oben unter der Zimmerdecke und starrte hinunter, und Papa stand unten und lachte. Dann geschah es wieder.

Poppolino brachte die Büste zum Schaukeln, stieß sich ab und sprang. Es war eine sehr große Büste, die eines Berggrats, und als sie unten zersplitterte und in tausend Stücken über den Boden fuhr, entstand ein fürchterliches Geräusch. Poppolino hing am Vorhang und schrie vor Schreck, und Papa sagte nichts. Anschließend stürzte etwas genauso Großes zu Boden, aber das hörte ich nur, denn ich traute mich nicht mehr zu gucken.

Als es still war, wusste ich, dass Poppolino sich zu Papa geflüchtet hatte und getröstet wurde. Bestimmt würden sie jetzt bald einen Spaziergang im Park machen. Ich horchte angestrengt. Jetzt wurden ihm der Samtmantel und der Hut angezogen. Papa redete die ganze Zeit, während er die Knöpfe zumachte und die Hutbänder zuband, und Poppolino beklagte sich und erzählte, wie es ihm ging. Jetzt waren sie draußen im Flur. Die Tür schnappte zu, als sie hinausgingen.

Ich stand auf, nahm alle meine Gipstiere und warf sie über die Balustrade in den Salon hinunter. Dann kletterte ich die Treppe hinunter, holte den Steinhammer, machte sie zu Mus und rieb den Gips mit den Füßen in den Teppich ein. Anschließend ging ich wieder hinauf und kroch in Poppolinos Käfig. Ich setzte mich mitten in sein Zeitungspapier und begann aus Leibeskräften alles mit Röteln vollzuhauchen.

Als sie wieder nach Hause kamen, waren sie im Laden gewesen und hatten Heringe gekauft. Ich lag unter der Decke und hörte, wie Papa Poppolino wieder in den Käfig setzte. Papas Stimme klang fröhlich, und ich wusste, dass Poppolino Lakritze bekommen hatte.

Dann kam Papa zu meinem Regal herüber und wollte mir ebenfalls Lakritze geben.

»Affenfutter«, sagte ich. »Ich denk doch nicht dran, dasselbe zu essen wie jemand, der Skulpturen kaputt macht.«

»Aber sie waren nicht gut«, sagte Papa. »Es war ein Glück, dass Poppolino sie hinuntergeworfen hat. Wie geht's dir?«

»Ich muss wahrscheinlich bald sterben«, sagte ich und kroch noch weiter unter die Decke.

»Sei nicht albern«, sagte Papa. Als ich nicht antwortete, ging er hinunter ins Atelier und begann zu arbeiten. Er pfiff vor sich hin. Ich hörte ihn vor dem Modellierbock hin- und hergehen und pfeifen und arbeiten.

Ich fühlte, wie das schlechte Gewissen in meinen Zehen angekrochen kam. Sehr rasch, bevor es weiter hinaufkonnte, setzte ich mich hin und begann zu häkeln. Jetzt häkelte ich keinen Topflappen mehr, sondern einen Pullover für Poppolino.

Es ist schwierig zu wissen, warum manche Leute froh werden und wieder Lust zum Arbeiten kriegen. Und wie das mit den Bazillen ist, das kann man auch nicht so genau wissen. Am besten, man denkt nicht allzu viel nach, sondern bringt alles mit einer guten Tat wieder in Ordnung.

# DIE KUNST DES FLIEGENS

Ich träumte, dass unten auf der Straße eine Menge Menschen durcheinanderrannten. Man hörte nichts als ihre Stiefel auf dem Pflaster des Bürgersteigs, zahllose Stiefel, und im Atelier brannte rotes Licht. Mit der Zeit wurden es immer weniger, und schließlich waren nur noch die Schritte des Allerletzten zu hören, und der rannte so sehr, dass er hinfiel, dann stand er auf und rannte weiter.

Anschließend wurde alles ganz dünn. Jedes Möbelstück wurde lang und schmal und erstreckte sich bis zur Decke hinauf. Irgendetwas kroch unterm Flickenteppich im Flur umher. Dieses Etwas war ebenfalls schmal und kroch in der Mitte, manchmal sehr rasch und manchmal sehr langsam.

Ich versuchte, ins Schlafzimmer zu kommen, wo Mama die Petroleumlampe angemacht hatte, aber die Tür war zu. Da lief ich die Treppe zum Schlafregal hinauf. Die Tür zu Poppolinos Käfig war offen, und ich hörte ihn irgendwo im Dunkeln umhertappen und vor sich hinjammern, wie er es immer zu tun pflegt, wenn es sehr kalt ist oder er sich einsam fühlt.

Jetzt kam es die Treppe herauf, etwas Graues, das humpelte. Das eine Bein war abgebrochen. Es war der Geist der toten Krähe.

Ich flog in den Salon hinaus und prallte beim Fliegen wie eine Hummel gegen die Decke. Unter mir sah ich den Salon und das Atelier in einem tiefen Brunnen liegen, der immer weiter hinuntersank. Hinterher musste ich immer wieder an diesen Traum denken, vor allem an das Fliegen, und beschloss, so oft wie möglich zu fliegen.

Aber es ließ sich nicht wiederholen, ich träumte ganz andere Sachen. Schließlich machte ich mir meine Träume selbst, kurz bevor ich einschlief oder kurz bevor ich aufgewacht war. Zuerst dachte ich mir alle schrecklichen Sachen aus, die mir überhaupt einfielen, und das war nicht besonders schwierig. Als ich die größtmögliche Schrecklichkeit beisammen hatte, stieß ich mich vom Boden ab und flog ihr einfach davon. Alles blieb in einem tiefen Brunnen unter mir liegen. Dort unten brannte die ganze Stadt lichterloh. Dort unten tappte Poppolino durchs Atelier und schrie vor Einsamkeit. Dort unten saß die Krähe und sagte: »Es war deine Schuld, dass ich sterben musste.« Und das Unnennbare kroch unterm Teppich.

Aber ich flog und flog. Anfangs prallte ich noch wie eine Fliege an der Zimmerdecke entlang, dann aber wagte ich mich zum Fenster hinaus. Weiter als quer über die Straße konnte ich nicht fliegen. Aber wenn ich im Gleitflug hinunterging, konnte ich beliebig lang weiterschweben, bis hinunter an den Grund des Brunnens. Dort stieß ich mich von der Straße ab und flog wieder nach oben.

Es dauerte nicht lange, bis sie mich erblickt hatten. Zuerst standen sie nur da und starrten, dann begannen sie zu rufen und mit den Fingern nach mir zu zeigen und aus allen Richtungen angerannt zu kommen. Aber bevor sie angelangt waren, hatte ich mich schon abgestoßen; ich befand mich wieder oben in der Luft und lachte und winkte ihnen zu. Sie schleppten Leitern und Angelruten an, doch das half überhaupt nichts. Da blieben sie einfach stehen und sehnten sich danach, fliegen zu können. Dann gingen sie sehr langsam wieder nach Hause und arbeiteten weiter.

Manchmal hatten sie zu viel zu tun, und manchmal konnten sie einfach nicht arbeiten, es war ein einziges Elend. Da sie mir aufrichtig leid taten, sorgte ich dafür, dass sie alle miteinander fliegen konnten.

Am nächsten Morgen wachten alle auf, ohne eine Ahnung davon zu haben, was geschehen war; sie setzten sich hin und sagten: »Jetzt fängt das Elend wieder an, ojemine!« Sie kletterten von ihren Schlafregalen herunter, tranken warme Milch mit Haut und mussten die Haut auch noch aufessen. Dann zogen sie Mantel und Mütze an, gingen schleppend die Treppe hinunter und überlegten, ob sie die Straßenbahn zu ihrer Arbeit nehmen sollten. Doch dann beschlossen sie, doch lieber zu Fuß zu gehen, man hat das Recht, sieben Haltestellen zu fahren, fünf dagegen kaum, und außerdem ist kalte Luft gesund.

Eine dieser Personen ging die Lotsengasse hinunter, und dabei blieb nasser Schnee in dicken Batzen an ihren Stiefeln haften. Sie stampfte kurz auf, um den Schnee loszuwerden und da! Sie flog in die Luft hinauf! Nur ein paar Meter hoch, dann sank sie wieder zu Boden, sie blieb stehen und fragte sich, was eigentlich geschehen war. Da erblickte sie einen älteren Herrn, der hinter der Straßenbahn herrannte. Die Straßenbahn klingelte und fuhr los, worauf der Herr noch schneller rannte, und im nächsten Augenblick flog er, er hob von der Erde ab und flog in einem Bogen aufs Dach der Straßenbahn hinauf, und dort blieb er sitzen! Da begann Mama aus vollem Hals zu lachen, sie hatte sofort begriffen, was passiert war. Sie rief: Ho! Ha! und flog in einer großen schönen Kurve auf Viktor Eks Dach hinauf. Von dort aus erblickte sie Papa, der am Atelierfenster stand und mit den Nägeln und Münzen in den Taschen seines Arbeitskittels klimperte, und da schrie sie: »Hallo! Spring raus! Komm rüber und fliege mit mir!«

Doch das wagte Papa erst, als Mama zu ihm herübergeflogen kam und sich aufs Fensterblech setzte. Da öffnete er das Fenster, nahm sie an der Hand, flog hinaus und sagte: »Hol mich doch dieser und jener!«

Inzwischen war ganz Helsinki voller erstaunter Menschen, die in der Luft herumflogen. Niemand arbeitete mehr. Überall waren die Fenster geöffnet, die Straßenbahnen und Autos unten auf der Straße waren leer, es hörte auf zu schneien, und die Sonne schaute hervor. Sämtliche Säuglinge konnten fliegen, alle uralten Leute, ihre Katzen, Hunde, Meerschweinchen, Affen, einfach alle!

Der Präsident flog ebenfalls durch die Luft!

Alle Dächer waren voller Ausflügler. Sie packten ihre belegten Brote aus, öffneten ihre Flaschen und prosteten sich quer über die Straße zu, und jeder machte nur das, wozu er Lust hatte.

Ich stand am Schlafzimmerfenster, sah mir das alles an und freute mich und überlegte, wie lang ich sie fliegen lassen sollte. Dann fiel mir ein, dass es gefährlich sein könnte, wenn ich jetzt alles wieder normal werden ließ. Wer weiß, vielleicht würden sie am nächsten Tag einfach das Fenster öffnen und hinausspringen! Daher beschloss ich, dass sie weiterfliegen durften. Ich beschloss, dass alle in ganz Helsinki für immer und ewig weiterfliegen durften.

Dann öffnete ich das Schlafzimmerfenster und trat mit der Krähe und Poppolino aufs Fensterbrett hinaus. »Ihr braucht keine Angst zu haben!«, sagte ich. Und dann flogen wir.

# WEIHNACHTEN

Je kleiner man ist, desto größer wird Weihnachten. Drinnen unter den Tannenzweigen ist Weihnachten ungeheuer groß. Weihnachten ist ein grüner Dschungel mit roten Äpfeln und melancholisch harmonischen Engeln, die sich an ihrem Nähfaden um sich selbst drehen und den Eingang des Urwaldes bewachen. Und in den Glaskugeln geht der Urwald weiter, bis in alle Unendlichkeit; dank des Weihnachtsbaumes wird Weihnachten zu einem Ort der absoluten Geborgenheit.

Außerhalb des Baumes liegt das Atelier, und das Atelier ist sehr groß und sehr kalt. Nur ganz vorn beim Kachelofen ist es warm. Das Feuer und die Schatten auf dem Fußboden und auf den säulenähnlichen Beinen der Skulpturen.

Das Atelier ist voller Skulpturen, große weiße Frauen, die schon immer hier gewesen sind. Sie stehen überall und machen ihre unbestimmten, schüchternen Armbewegungen, und sie sehen an einem vorbei, weil sie auf eine ganz andere Art als die Engel desinteressiert und melancholisch sind. Manche haben Tonlappen auf dem Kopf, und die größte hat eine Wäscheleine um den Bauch. Die Wäsche ist nass, und wenn man vorbeigeht, streicht sie einem in der Dunkelheit wie kalte, weiße Vögel übers Gesicht. Abends ist es hier immer dunkel.

Das Atelierfenster darf nie geputzt werden, es hat nämlich so ein besonders schönes Licht, hundert kleine Scheiben, manche dunkler als die anderen, die Straßenlampen draußen schaukeln und zeichnen ein eigenes Fenster an die Wand. Die Wand ist voller Regale, eins über dem anderen, und auf jedem Regal stehen weiße Figuren, allerdings lauter ganz kleine. Sie wenden sich einander zu und voneinander ab, aber ihre Bewegungen sind genauso zögernd und schüchtern wie die der großen Frauen. Kurz vor Weihnachten werden sie alle abgestaubt. Aber Mama ist die Einzige, die die Figuren anfassen darf, und die Granaten aus dem Freiheitskrieg werden überhaupt nicht abgestaubt.

Papas Frauen sind heilig. Nach dem Gipsabguss interessieren sie ihn nicht mehr. Aber für alle anderen sind sie heilig.

Die Frauen, das Fenster, der Kachelofen – sonst ist das Zimmer voller Schatten. An den Wänden türmt sich eine bedrohliche Masse hoch, die sich nicht erforschen lässt, Eisenkonstruktionen, Kisten voller Ton und Gips, Gipsformen, Holzgerüste, Lumpen und Modellierböcke, und unter und hinter alledem kriecht das Geheimnisvolle mit nachtschwarzen Augen.

Aber in der Mitte ist der Atelierboden leer. Dort steht nur ein einziger Modellierbock mit einer in nasse Lappen gehüllten Frau darauf. Die ist die heiligste von allen. Der Modellierbock hat drei Beine, sie werfen steife Schatten auf den leeren Zementboden und hinauf an die Decke, die so hoch oben ist, dass kein Mensch je hinaufkommen kann, das heißt, nicht bevor der Baum da ist. Wir haben den schönsten und größten Weihnachtsbaum der Stadt, wahrscheinlich ist er ein Vermögen wert, er muss nämlich bis an die Decke hinaufreichen und einer von der buschigen Sorte sein. Alle anderen Bildhauer haben kümmerliche kleine Bäumchen, von gewissen Malern ganz zu schweigen, die haben ja fast überhaupt keinen Baum. Die Leute, die in normalen Wohnungen leben, stellen ihren Baum auf einen Tisch mit einem *Tischtuch* drauf, die Ärmsten. Für die ist der Weihnachtsbaumkauf eine Nebensache.

Wir, das heißt Papa und ich, stehen an dem gewissen Morgen um sechs auf, Weihnachtsbäume muss man nämlich kaufen, wenn es dunkel ist. Wir gehen von Skatudden ans andere Ende der Stadt, dort liegt ein großer Hafen, der den notwendigen Hintergrund für den Weihnachtsbaumkauf bildet. Wir brauchen viele Stunden, um einen auszusuchen, und misstrauen jedem einzelnen Zweig, er könne ja hineingebohrt sein. Jedes Mal ist es kalt. Einmal bekam Papa die Tannenspitze ins Auge. Die morgendliche Dunkelheit ist voller schwarzer, frierender Kleiderbündel, die ebenfalls Weihnachtsbäume aussuchen, und der Schnee ist übersät mit Tannenzweigen. Über dem ganzen Hafen ruht eine bedrohliche und zugleich verzauberte Stimmung.

So wird das Atelier in einen Urwald verwandelt, in dem man sich verstecken und wo man hinter den Zweigen unerreichbar werden kann. Unter Weihnachtsbäumen muss man sehr liebevoll sein. Es gibt auch Plätze, wo man besonders gut trauern oder hassen kann, zum Beispiel zwischen den Türen, wo die Post hereinkommt. Die Flurtür hat kleine grüne und rote Scheiben, sie ist schmal und feierlich, und der Flur ist voller Kleider, Skier und Versandkisten, aber direkt zwischen den Türen, wo man mit knapper Not gerade noch hineinpasst, ist ein winziger Zwischenraum, in den man sich hineinstellen und hassen kann. Wenn man in einem großen Zimmer hasst, stirbt man sofort. Aber wenn der Raum ganz klein ist, geht der Hass wieder nach innen und kreist durch den Körper und kommt so nie zu Gott hinauf.

Mit Weihnachtsbäumen ist das ganz anders, besonders wenn die Glaskugeln aufgehängt worden sind. Die sammeln nämlich Liebe, und daher ist es so schrecklich gefährlich, sie fallen zu lassen.

Kaum war der Baum im Atelier, erhielt alles eine neue Bedeutung, alles war mit einer Heiligkeit geladen, die nicht einmal etwas mit Kunst zu tun hatte. Weihnachten hatte im Ernst begonnen.

Mama und ich begaben uns zu den eisigen Felsen hinter der russischen Kirche und scharrten Moos hervor. Wir bauten die heilige Landschaft auf mit der Wüste und mit Bethlehem aus Ton, jedes Mal mit neuen Straßen und Häusern, wir füllten das ganze Atelierfenster, legten Spiegelseen hin, verteilten die Hirten im Gelände und gaben ihnen neue Schafe und neue Beine, da die alten sich im Moos aufgelöst hatten, und streuten vorsichtig den Sand aus, damit man den Ton hinterher wieder benutzen konnte. Jedes Mal wenn wir die Krippe mit dem Strohdach hervorholten, die aus Paris neunzehnhundertzehn war, wurde Papa sehr gerührt und genehmigte sich einen Klaren.

Maria saß immer ganz vorn, während Josef sich bei den Kühen aufhalten musste, er hatte nämlich Feuchtigkeitsschäden und war außerdem perspektivisch kleiner.

Zuletzt kam das Jesuskind, das war aus Wachs und hatte echte lockige Haare und stammte aus Paris, bevor ich geboren war. Nachdem das Jesuskind an seinem Platz lag, musste man ganz lange still sein.

Einmal kam Poppolino los und fraß das Jesuskind auf. Er kletterte auf Papas Freiheitsstatue und setzte sich auf den Schwertgriff und fraß Jesus auf.

Wir konnten nichts machen und wagten uns nicht anzuschauen. Dann modellierte Mama ein neues Jesuskind aus Ton und malte es. Wir fanden, dass es zu rot und um die Mitte herum zu dick geraten war, aber keiner sagte etwas.

Zu Weihnachten gehörte das Rascheln. Jedes Jahr raschelte es gleich geheimnisvoll, da gab es Silberpapier und Goldpapier und Seidenpapier, ein unglaublicher Aufwand an glänzendem Papier, das alles einhüllte und schmückte und verbarg und das Gefühl von hemmungsloser Verschwendung vermittelte.

Alles war mit Sternen und Schleifen verziert; selbst die Schüssel mit dem Kohlrübenauflauf und die gekaufte Wurst, die es gab, bevor wir mit echtem Schinken anfingen, trugen Schleifen. Wenn man nachts aufwachte, hörte man Mama beim Geschenkebasteln verheißungsvoll rascheln. Eines Nachts hatte sie den Kachelofen bemalt, jede einzelne Kachel bis oben hin mit kleinen blauen Landschaften und Blumensträußen.

Mit dem Rändelrad zauberte sie Pfefferkuchenböcke aus dem Pfefferkuchenteig, und die Safrankatzen bekamen zusammengerollte Beine und eine Rosine mitten auf den Bauch. Ursprünglich, als Mama sie aus Schweden mitgebracht hatte, hatten die Safrankatzen noch vier Beine gehabt, aber inzwischen wurden es jedes Jahr mehr, bis die Katzen von einer wilden, gelockten Ornamentik umgeben waren.

Die Bonbons und Nüsse wurden von Mama auf einer Briefwaage abgewogen, damit alle gleich viel bekamen. Im Laufe des Jahres muss man es nehmen, wie es kommt, da hat niemand Zeit, so genau zu sein. Weihnachten dagegen ist die Zeit der absoluten Gerechtigkeit. Daher ist Weihnachten auch so anstrengend.

In Schweden stopft man Würste, zieht selbst Kerzen, bringt den Armen monatelang kleine Körbchen ins Haus, und sämtliche Mütter nähen nachts Geschenke. Am Heiligen Abend werden sie alle zu lauter Lucias.

Papa erschrak sehr, als er zum ersten Mal eine Lucia sah, doch als er merkte, dass es Mama war, begann er zu lachen. Danach wollte er, dass sie sich jeden Heiligen Abend so lustig verkleidete.

Ich lag auf meinem Regal und hörte, wie die Lucia sich die Leiter heraufmühte, das war gar nicht so einfach für sie. Das

Ganze war von geradezu himmlischer Schönheit, und sie hatte aus Marzipan ein Schweinchen modelliert, genau wie man es in Schweden tut. Dann sang sie wieder ein bisschen und kletterte auf Papas Regal hinauf. Mama singt nur einmal im Jahr, weil ihre Stimmbänder überkreuzt sind.

Auf der Balustrade, die an unseren Schlafregalen entlanglief, standen viele hundert Kerzen und warteten darauf, direkt vor dem Weihnachtsevangelium angezündet zu werden. Dann wanderten sie wie flatternde Perlenbänder kreuz und quer durchs Atelier, vielleicht waren es sogar tausend. Das Interessante an diesen Kerzen war, dass die Pappwand ziemlich leicht Feuer fangen konnte, wenn sie heruntergebrannt waren.

Im Laufe des Vormittags wurde Papa meistens sehr erregt, er nahm Weihnachten nämlich ausgesprochen ernst und hielt die vielen Vorbereitungen kaum aus. Er sorgte dafür, dass jede einzelne Kerze gerade stand, und warnte uns vor der Feuergefahr. Dann stürzte er davon und kaufte die Mistel, einen sehr kleinen Zweig, erlesener als Rosen und Orchideen, der an der Decke hängen musste. Immer wieder fragte er, ob alles auch ganz bestimmt in Ordnung sei, und plötzlich fand er, ganz Bethlehem sei falsch komponiert. Dann genehmigte er sich einen Klaren, um sich zu beruhigen. Mama schrieb Verse für die Weihnachtsgeschenke und entfernte Lackreste von den Goldbändern und Geschenkpapieren, die vom vorigen Weihnachten übrig waren.

Die Dämmerung fiel, und Papa begab sich mit Nüssen für die Eichhörnchen auf den Friedhof, um Gräber anzuschauen. Er hat sich nie besonders für die Verwandten interessiert, die dort in den Gräbern liegen, und die Verwandten haben auch nie besonders viel für ihn übrig gehabt, dazu waren sie zu entfernt verwandt und zu bürgerlich. Aber als Papa wieder heimkam, war er traurig und noch viel erregter, weil der Friedhof mit all seinen brennenden Kerzen so unglaublich schön gewesen war. Wie dem auch sei, die Eichhörnchen vergruben auf jeden Fall eine Menge Nüsse bei den Verwandten, obwohl es verboten war. Das ist immerhin ein tröstlicher Gedanke.

Nach dem Abendessen gab es eine lange Pause, um Platz für Weihnachten zu schaffen. Wir lagen im Dunkeln auf unseren Regalen und hörten Mama beim Kachelofen rascheln, und draußen auf der Straße war es ganz still. Dann wurden die langen Kerzenprozessionen nach und nach angezündet, und Papa kam von seinem Regal herabgestürzt, um zu kontrollieren, dass die Kerzen absolut senkrecht im Baum saßen und dass die Kerze hinter Josef nicht das Strohdach anbrannte.

Und dann kam das Weihnachtsevangelium. Am feierlichsten war die Stelle, als Maria die Worte in ihrem Herzen verbarg, und dass sie für die Heimreise einen anderen Weg nehmen mussten, war fast genauso schön. Der Rest war nicht so schlimm.

Wir erholten uns ein wenig, und Papa genehmigte sich einen Klaren. Und jetzt wusste ich, das Weihnachten mir gehörte. Das war ein Triumph.

Ich kroch in den grünen Urwald hinein und zog die Pakete hervor. Drinnen unter den Zweigen war das liebevolle Gefühl mittlerweile fast unerträglich, eine kompakte Heiligkeit aus Marien, Engeln, Müttern, Lucias und Skulpturen, alle segneten sie mich und vergaben das ganze Jahr und diesen gewissen Platz zwischen den Türen im Flur, alles auf der ganzen Welt vergaben sie, wenn sie nur sicher sein konnten, dass ein jeder jeden liebe. Und ausgerechnet in diesem Augenblick stieß ich die größte Glaskugel an, sie fiel auf den Zementboden, wo sie sich in die winzigsten, traurigsten Scherben der Welt verwandelte. Das anschließende Schweigen war unerhört. Oben am Hals hatte die Kugel einen kleinen Ring mit zwei Metallfühlern. Und Mama sagte: »Diese Kugel hat eigentlich schon immer eine unmögliche Farbe gehabt.«

Und dann, nachdem alle Kerzen heruntergebrannt, alle Feuersbrünste gelöscht und alle Bänder und Papiere fürs nächste Weihnachten zusammengelegt waren, kam die Nacht. Ich hatte die Geschenke bei mir im Bett.

Ab und zu schlurften Papas Hausschuhe unten durchs Atelier, er nahm sich ein Stückchen Hering, genehmigte sich einen Klaren und versuchte seinem selbst gebauten Radio Töne zu entlocken. Der Friede war vollkommen. Einmal passierte etwas mit dem Radio, es gab ein ganzes Lied von sich, bevor die Störungen wieder einsetzten. Aber selbst die Störungen haben etwas Wunderbares an sich, unbegreifliche, einsame Signale aus dem Weltraum. Papa saß lange unten im dunklen Atelier, aß Hering und versuchte richtige Melodien hereinzubringen. Als es ihm nicht gelang, kam er wieder auf sein Regal herauf und raschelte mit den Zeitungen. Mamas Kerzen waren schon lange erloschen, es roch nach Weihnachtsbaum, nach etwas leicht Angebranntem und ganz allgemein nach Segen.

Nichts ist so ruhig, wie wenn Weihnachten vorbei ist, dann ist einem alles verziehen und man kann wieder normal werden.

Nach und nach packten wir die heiligen Dinge wieder ein und legten sie in den Flurschrank hinauf, und das Tannenreisig brannte mit kleinen, heftigen Explosionen im Kachelofen. Den Stamm verbrannten wir jedoch erst Weihnachten darauf. Er stand das ganze Jahr über neben der Gipskiste und erinnerte uns an Weihnachten und an die absolute Geborgenheit.